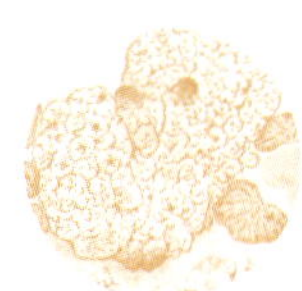

U0923880

云山花事经眼录

秋韵

潘小娴　朱苏权　著
朱晴鹤　摄影

SPM 南方出版传媒
广东人民出版社
·广州·

图书在版编目（CIP）数据

云山花事经眼录．秋韵／潘小娴，朱苏权，朱晴鹤著．—广州：广东人民出版社，2018.5（2018.9 重印）
ISBN 978-7-218-12715-6

Ⅰ．①云…　Ⅱ．①潘…　②朱…　③朱…　Ⅲ．①散文集-中国-当代　Ⅳ．①I267

中国版本图书馆 CIP 数据核字（2018）第 066526 号

YUNSHAN HUASHI JINGYANLU · QIUYUN

云山花事经眼录·秋韵

潘小娴　朱苏权　著　朱晴鹤　摄影

版权所有　翻印必究

出 版 人：肖风华

主　　编：李怀宇
责任编辑：李展鹏　张　静
装帧设计：张绮华
责任技编：周　杰　吴彦斌

出版发行：广东人民出版社
地　　址：广州市大沙头四马路 10 号（邮政编码：510102）
电　　话：（020）83798714（总编室）
传　　真：（020）83780199
网　　址：http：//www. gdpph. com
印　　刷：广州市一丰印刷有限公司
开　　本：787mm × 1092mm　1/32
印　　张：7　　**字　数**：145 千
版　　次：2018 年 5 月第 1 版　2018 年 9 月第 2 次印刷
定　　价：49.00 元（全四册 196.00 元）

如发现印装质量问题影响阅读，请与出版社（020－83795749）**联系调换。**
售书热线：（020）83795240

你若逐花，幸福自来！

前言

朱苏权

“山中信步随芳草，亭上闲来倚白云”——这是白云山“惠风亭”上悬挂的一副对联。

对联既包含了白云山的名字，也描绘出了爬白云山的妙境：有山，有芳草，有白云——天朗气清，惠风和畅；曲径信步，林阴闲逛；白云亭畔展，花香山间飘。试想，如果一个人，能把一年四季的光阴，都抛掷在这么美妙的地方，自然是快活得不像话了！

而我，就是这其中“快活得不像话”的人之一！

这一份快活，缘起于十九年前。

十九年前，因一位挚友喜爱爬白云山，为了找到这位挚友，我也经常到山上去。一来二去，发现爬白云山带来的好处甚多。其中，最让我乐此不疲的一件事，当然是看花！因为它唤醒的是我大学时代的逐花梦。

当年，入读华中师范大学，第一周，学校就安排有经验的园艺工人领着中文系的新生们，去辨认桂子山上众多的花草树木。9月，正是桂花飘香的时节，满山香气飘飘，金黄耀眼的桂花，掀开了我的大学求学之旅的序幕，同时也激发了我对植物的热爱。

如今，在挚友的影响下我又开始再续逐花缘了。当时，儿子小朱才两岁半，但他从学会走路就再也没有让我们抱过，因此，我们家一开始登山，就是全家一起上阵的。从此一家人就一起醉入云山深处的花海里，十九年从未间断过。

十九年来，在白云山上，我们寻访隐藏于山间崖畔的各种奇花异卉，发现每一棵不被人们所关注的寻常花草树木的四时美态，既看遍了白云山上的花开盛景，也邂逅了白云山许多可遇而不可求的美妙花境。

十九年来，每当爬白云山，我们必带两样东西，一是相机，二是笔记纸。到了山间，一旦看到花，各有各的忙碌——儿子小朱，最富技术含量，给花拍照；当妈妈的小娴，最为悠闲，只管赏花；做爸爸的我呢，勤快地干着枯燥的活儿，摊开纸张，把花草所在的地点、数量、结的果子，一一记录下来。

十九年来，记不清拍了多少花，也记不清记录了下多少种花，这种不断逐花的热情，其结果是对于白云山不少花的特点、习性、故事，我们都熟稔于心了。于是，我们一家决定合作撰写《云山花事经眼录》：写白云山花草树木的四时美态；写我们一家“你若逐花，幸福自来”的快意人生；写与花草相伴的小朱的快乐童年。刚开始只准备写一本的书稿，最终却提笔难停，一口气写成了四本（分别为春色篇、夏影篇、秋韵篇、冬彩篇），因为真正内心涌现出来的东西，真的是提笔就停不住呀！

有一种鸳鸯茉莉花，它的英文名是“昨天、今天、明天”。这个英文名，总是让我想起英国诗人西格夫里·萨松的代表作《于我，过去，现在以及未来》，其中曾这样写道：“In me the tiger sniffs the rose（心有猛虎，细嗅蔷薇）”。——这话说得多么好呀！老虎都有细嗅蔷薇的时候，何况人呢！所以，忙碌而远大的雄心，也应该享受一下被温柔和美丽折服的美好时光。就算每天忙忙碌碌，也别一味“心有猛虎”，而应该放松一下紧张的情绪，细嗅蔷薇、鸳鸯茉莉等来自大自然的花香。因此，我们才能更安然地感受生活的美好与泰然。

除了逐花，爬白云山还有很多好处，在一般人的观念中，也许都认为，最大的一个好处，自然是爬山能锻炼身体。但我以为，这仅是其中的一个好处而已，爬白云山的真谛，还在于下面三点：

回归了大自然。爬白云山的十九年中，我们一家见过许多可遇而不可求的景象，比如黄猄、山鸡、果子狸、画眉鸟、鹌鹑、蛇、旱蚂蟥等动物。它们都不是你想见就能够见得到的，而需要相当的机缘巧合，才能够碰到。

密切了亲情。到了山上，远离了电子设备、网络，大家不再是盯着电视的呆坐族，或者是盯着手机的低头族。且看黛山葱绿云雾缭绕，百花四季争竞芳菲，人的心情自然舒适愉悦，家人之间彼此便多了许多耐心、谅解。一家人之间的沟通自然大大增加，心也变得更加紧密了。

孩子能够快乐学习。小朱两岁半开始跟着我们爬白云山，当我们和小朱沿着山路，逐级登阶，结合彼时情境，很自然地将“荷风送香气，竹露滴清响”、“山中连夜雨，树杪百重泉”等诗词，甚至千字文也一并背下。父子俩一唱一和，小朱就能够摆脱简单枯燥的学习模式，快乐学习。我以为，思维的训练同样离不开自然环境的烘托，人在爬山的过程中能与自然万物接触，培养对各种未知事物的好奇心，并引起大脑的思考，从而提高自身的逻辑思维和理解能力。

一座海拔不足四百米的山，不仅带来人与自然的融洽关系，更带来人与人之间的融融暖意，这就是白云山在我们一家心中的要义。我是发自内心，把白云山当作自己心中的桃花源去享受。所以，我常常对人们说，白云山就是我们家的“后花园”！每当我们背起背包出门，碰上熟知的朋友，一个个都会打趣说：“又全家一起到‘后花园’去了？”我们笑答：“是呀是呀。”虽然离白云山还很远，但我们一边答，一边已是满心的欢喜，满心的花香。

我们一家对白云山这座“后花园”的热爱，其实就是去享受一种属于自己的审美生活。同时，也是在用诗意的态度去面对生活百态，并诗意地栖居于自己所能够掌控的生活之中。

2017年3月10日，广州

目录

木芙蓉：

美人三醉艳晚秋

中国古典四大名著之首的《红楼梦》，在第七十八回“老学士闲征姽婳词　痴公子杜撰芙蓉诔”中写道：晴雯病逝当日，宝玉深感哀伤，府上的一个小丫头杜撰晴雯死后被玉皇大帝招去做了芙蓉花神。晚间，宝玉作《芙蓉女儿诔》来寄托哀思，并将诔文挂于大观园内的芙蓉枝上，对着芙蓉花祭奠晴雯。祭文里有那么一段：“其为质则金玉不足喻其贵，其为性则冰雪不足喻其洁，其为神则星日不足喻其精，其为貌则花月不足喻其色。”那意思是赞美晴雯——你的品质，黄金美玉难以比喻其高贵；你的心地，晶冰白雪难以比喻其纯洁；你的神智，明星朗日难以比喻其光华；你的容貌，春花秋月难以比喻其娇美。

《红楼梦》里有两朵芙蓉花，一朵是水芙蓉，即荷花，那是林黛玉；另一朵是木芙蓉，那是晴雯。水芙蓉生长在水中，而木芙蓉生长在水边，因此，木芙蓉也有“池上芙蓉”（“照水芙蓉”）之称。《红楼梦》中的贾宝玉借木芙蓉花盛赞晴雯，纯洁堪比晶冰白雪，光华盖过明星朗日，娇美胜过春花秋月。闭目细想，这样美艳不可方物的花儿，该如何让人身心荡漾呀。而我们一家，在白云山这样的灵秀之地遇见木芙蓉，那场景，真是既奇特，又惊讶。

第一次看到木芙蓉，是在梅花谷。那是 10 月初，已是晚秋时分 . 我们从濂泉门进山，绕到梅花谷，已经是傍晚时分，这个季节，梅花谷的梅花还没开，其他花儿也多半已经掉落，梅花谷没几个人，很冷清。这正好，我们仨可以慢悠悠地在谷里闲荡。刚一荡进木门，抬眼便望到深处有红红的花朵，零星地挂在大树上。跑上前一看，原来是木芙蓉开花了，那花儿很大朵，压着细长的枝条，花瓣红艳艳的，妩媚如喝醉了酒的美人那红晕晕的脸庞，一阵风吹过林梢，花儿扑簌簌地轻晃，还真有点像醉酒美人在曼舞呢。

大花迷老朱说，木芙蓉，也叫“三醉芙蓉”，这红艳艳，只是其中的“一醉”。那还有“两醉”呢？我和小朱赶紧追问。老朱说，另外“两醉”，是白色和粉红色；朝开暮谢的木芙蓉花是个“弄色高手”，在一天内变换出了三种颜色：早上初开花时为雪白色，中午转为粉红色，傍晚逐渐变成艳红色，就如一位美人连饮三杯的醉态，到谢幕时分，醉得最为艳丽，故得名“三醉芙蓉”。老朱还说，屈大均的《广东新语》就记载芙蓉“颜色不定，一日三换，又称三醉”，并赋诗：“人家尽种芙蓉树，临水枝枝映晓妆。”书中还提到芙蓉“皮可为笔为布，故广州有芙蓉布”，这说明芙蓉的树皮纤维在民间曾用于制笔和织布。

芙蓉布？听起来真美！我寻思着木芙蓉的花色雪白粉红艳红，做成布，一定很漂亮。但小朱还小，对“布”这个词汇还陌生，对花的变色却是十二分的喜欢。

小朱嚷嚷道：“使君子花初开时为白色，然后变为粉红色，再变为艳丽的红色，数天容颜三变；而木芙蓉花,却一日三变,哇！‘三变花’,比使君子花还爱美呢！”我接口说：“木芙蓉，娇颜一天三变，怪不得花蕊夫人那么喜欢呢。”

小朱问,这花蕊夫人,是谁呀？老朱说,是五代十国时后蜀皇帝孟昶的妃子,不仅是个妩媚娇艳的大美人，还特爱花，尤其喜欢木芙蓉。为此，孟昶还颁发诏令在成都广植木芙蓉呢。后蜀灭亡后，花蕊夫人被宋朝皇帝赵匡胤掠入后宫，还常常思念孟昶，赵匡胤一怒之下将她杀死。后人敬仰花蕊夫人对爱情的忠贞不渝，尊她为“芙蓉花神”，所以芙蓉花又被称为“爱情花”。

小朱还小，对“爱情花”之类的概念还很模糊，但对“三醉芙蓉”这名字却念念不忘。如今却只看到艳红的“一醉”,另外“两醉”白色和粉色还没看到呢。但梅花谷的芙蓉花长得高，想把枝条拉下来很难，因此，高高在上的木芙蓉，小朱根本看不清晰。所以，我们都希望最好能在白云山上找到能让我们可以把其美姿看得一清二楚的木芙蓉。

这希望还真是很快就实现啦。我们在白云山的广州碑林处看见了两株高高大大的木芙蓉。发现木芙蓉的是老朱，这过程还很有点凑巧——当时我们在九龙泉吃完午饭，正往广州碑林而去，小朱突然说想上洗手间，老朱抬眼往四周寻找，然后就看到南雅堂上方的山间，在一棵开着花儿的大树掩映下露出了小平房，老朱用手一指，这肯定是洗手间了，于是直奔而去。正在此时老朱却两眼发亮，大叫起来："木芙蓉呢，这么大一株木芙蓉呢！"原来，正在开花的大树，正是一棵枝丫低垂的木芙蓉树，就连小朱伸手都可以触碰到木芙蓉花，这下，我们真的是舒舒服服就能把木芙蓉的美姿看得一清二楚了。

当时是午间时分，木芙蓉花呈粉红色，五瓣花瓣儿重叠围着中间的一柱粗壮黄蕊，花的中心是黄绿色，拉近一点看，就如同一个旋转的深潭似的，看得人真有点晕眩。呵呵，晕眩，那就是醉了。"三醉芙蓉"，果真很容易醉人呐！

还有一种白色的"醉"没看到。于是，第二天再起了个早，赶到广州碑林，终于看到了白色的木芙蓉。"三醉"终于全部一睹真容啦。而这"三醉"不仅是花瓣颜色"醉"得不同，连花中心的颜色也极其不同——白色花的中心是青绿色，粉红色花的中心是黄绿色，而红艳艳花的中心则是绿黄色。木芙蓉全身都善"醉"，难怪妩媚得如此妖娆！

后来，每到10月份木芙蓉开花的季节，我们家便喜欢赶到广州碑林，先看看白色的芙蓉花，尔后，到九龙泉吃午餐。午餐后，再去广州碑林看转变成粉色的木芙蓉。然后一路往梅花谷而去，赶到梅花谷正好是傍晚，便可去眺望红艳艳的木芙蓉。由此，便可一天看尽"三醉芙蓉"之美，正所谓——爬山、看花两不误。

有趣的是，阴天的中午，偶尔也可在广州碑林看到白、粉两色的木芙蓉开在一起。老朱说，这"三醉芙蓉"之所以会变色，是由于花瓣的细胞液中含有色素，随着气温的变化和光照强度的不同，花瓣内的花青素浓度发生了变化，花瓣才会出现深浅不同、浓淡各异的颜色。阴天没阳光，白色的花朵颜色变换缓慢，能粉、白两色开在一起。看花，真长见识了！按现在的流行说法，那是——

涨姿势啦！

其实，云台花园里有更多的木芙蓉，那是在谊园，共有五十多棵，开花时挺灿烂和壮观的。不过，对我们家而言，还是喜欢一路沿着广州碑林—九龙泉—梅花谷的顺序逛，那可是一天看尽“三醉芙蓉”——美美的享受哟！

木槿：

朝开暮落美人花

一说起植物，老朱总会提到木槿。这也难怪，老朱是教古典文学的，对古老的文化植物自然有一种偏爱。而每次一提到木槿，老朱张口就念叨出《诗经·郑风·有女同车》中的两句：“有女同车，颜如舜华”——有位姑娘和我坐在一辆车上，脸儿好像木槿花开放；“有女同行，颜如舜英”——有位姑娘与我一路同行，脸儿像木槿花水灵灵。

小朱小时候听多了老朱念叨这两句话，觉得挺顺溜好玩的，兴致上来时，嘴巴偶尔也会来上那么两句甜言蜜语——妈妈和爸爸坐在一辆公交车上，脸儿好像木槿花开放；妈妈与爸爸一路同行在白云山上，脸儿像木槿花水灵灵。哇！乐得我和老朱心花怒放！

因了老朱的文化植物情结，因了小朱的乖巧和甜言蜜语，我们一直都希望在经常溜达的白云山上看到木槿花，只是六只眼睛紧盯了多年，还是没见到木槿的身影。直到 2012 年 5 月 25 日白云山上的农艺创意园开放后，我们才终于见着了寻觅多年的木槿。

木槿有四棵，是小灌木，长得有些瘦弱，但等到秋天，竟然也开出了不少花朵，紫色，大朵，重瓣，花瓣层层叠叠环绕，一眼望去，还有点类似蜀葵呢。不过，再仔细瞧瞧，差别却也明显：蜀葵花色繁多，花瓣层层叠叠得很有秩序，每一层花瓣的大小也比较一致，因此整朵花显得比较圆，比较端庄；而木槿呢，花色是紫色，有淡紫、粉紫、深紫，反正就是一个劲地紫呀紫，最外层的那叠

花瓣，比较齐整，但愈往中间，那花瓣儿，就愈小巧，而且长短不一，胖瘦不一，感觉就像那些漂亮的姑娘儿虽然外表上看，显得挺娴雅的，但其实内心里却总喜欢你勾着我的肩，我搭着你的背，活泼泼地跳跃和奔跑。

老朱一听我这评论，大赞说——这感觉太棒啦！《诗经·郑风·有女同车》里还这样写道："将翱将翔，佩玉琼琚。彼美孟姜，洵美且都。"那意思是说——跑啊跑啊似在飞行，身佩着美玉晶莹闪亮。美丽的姑娘不寻常，真正漂亮又娴雅。嘿！果真是——花如诗，诗如花呀。

等到来年的四五月份，那四株瘦弱的木槿，呼啦啦地长高了，枝条仄仄斜斜，一顺溜儿撇过左边，一顺溜儿撇过右边，撇过来撇过去，密密麻麻的叶子，乱成绿绿的海，仄仄斜斜的枝条，亲亲密密地牵绊着，牵牵绊绊中就成了一道篱笆似的，呵呵，怪不得木槿有个别名叫篱障花。唐代诗人白居易的《答刘戒之早秋别墅见寄》写过："凉风木槿篱"。习习凉风拂面，木槿紫霞霏霏，一

篱笆一篱笆地绵延，那是多么有韵致呀！

老朱说，他在武汉读大学时，曾经去过湖北一些大学同学的老家，看到那些农村人都喜欢用木槿做绿篱围墙，很美观，尤其是木槿花盛开的时候，这篱障，更生机可人得很呢！眼前农艺创意园的木槿，也是一篱疏疏朗朗的木槿花，待到九月十月，木槿花最茂盛的季节，仄仄斜斜的枝条上，堆锦簇绣，紫霞霏霏，朝开暮落，日日不绝，真是无穷无尽地美呀美！

其实，白云山云溪生态园的大红花园内，也散种着十多株木槿，那堆锦簇绣、紫霞霏霏的景象也颇为壮观。但是，因为木槿和扶桑（大红花）扎堆在一起，而且花儿都大大朵，颜色也都是艳艳的，所以，常常让人误以为开的全都是扶桑花。我和小朱以前没认真看，也曾产生过这种误解。当然，很快我们俩就解除了这种误解，这靠的自然是我们家的大花迷老朱啦。大花迷老朱，不仅肚子里积累着丰富的花知识，而且眼神特好，经常远远一望，就能分辨出这是木槿，那是大红花，直让我和小朱艳羡得很。小朱说："爸爸好牛哟，像孙悟空一样，有一双火眼金睛！"老朱哈哈哈大笑，看那臭美的样子，神气极了！

除了篱障花，其实木槿还有很多别名，其中有一个就是——无穷花。这个叫法来自韩国。韩国人认为，花开时节，木槿树枝会生出许多花苞，一朵花凋落后，其他的花苞会连续不断地开，生机勃勃，无穷无尽。因此，韩国人把单瓣红心木槿定为国花，以象征世世代代生生不息的民族精神。而韩国国徽中央为一朵盛开的木槿花。木槿花的底色白色象征着和平与纯洁，黄色象征着繁荣与昌盛；花朵的中央被一幅红蓝阴阳图代替，它不仅是韩国文化的一个传统象征，而且在此代表着国家行政与大自然规律的和谐；一条白色饰带环绕着木槿花，饰带上缝着国名"大韩民国"四字。

韩国人爱木槿花之情无穷无尽，而斐济人对木槿花的爱，也别具一格——每年举办为时一周的木槿花节。节日期间，人们戴上各种各样的假面具，漂亮的姑娘则坐在竞选木槿花皇后的彩车上，微笑着向围观的人们点头致意；宣布木槿花皇后竞选的结果后，组织者会将票款收入捐献给慈善机构。老朱评价说，斐济人对木槿花的爱，还真像《诗经·郑风·有女同车》最后两句所写的那样"彼美孟姜，德音不忘"——美丽的姑娘真多情，美好品德我记心上！

花美，诗美，人的精神就有了寄托的载体——难怪木槿自古便反复出现在文学作品和传统文化里，让一代又一代人，为之痴迷不已。

还有呢，这么美的木槿花，还是很美味的哟。如何吃木槿花？福建汀州人用木槿花和上稀面加上葱花，下锅油煎，松脆可口，俗称"面花"、"花煎"；

徽州山区的居民用木槿花煮豆腐吃，味道十分鲜美可口。木槿花蕾，食之口感清脆，完全绽放的木槿花，食之滑爽。

而我呢，最喜欢的是用木槿花瓣煲粥，将木槿花瓣洗净后，去蒂，用手撕成片状备用，待米加水熬成粥后，再加入撕成片状的木槿花瓣，拌匀，煮滚两三分钟即可，喜欢甜口味的，还可加少许白糖，更为鲜甜爽口。

我对小朱和老朱说，从《诗经》开始，人们就喜欢把木槿花当成水灵灵的美人花来歌咏了，所以呀，用木槿花煲粥，那就是“美人粥”了，女人吃了“美人粥”，一个个都变成美人了。哈哈哈，你看，女人吃木槿花，是多么的风雅呀！

鸡蛋花：

内黄外白香醉人

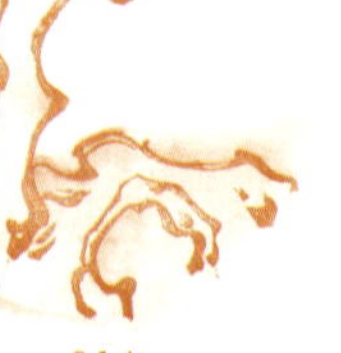

北方一到冬天，树叶就落得光秃秃，花更是难得一见。而广州地处亚热带，树四季常绿，花四季常开，因而，很少能见到几棵光秃秃的树。所以，一到冬天就落光了叶子的鸡蛋花树，就显得特别醒目。也因此，一到冬天，我们家爬白云山，小朱就特别喜欢去双溪旅舍歇歇脚，看看那几棵光秃秃的鸡蛋花树。

双溪旅舍掩映在一座古雅院落的绿阴丛中，原址“双溪寺”，因有月溪和甘溪两支泉水绕寺而得名。双溪寺后来毁于战乱，1964 年重建为旅舍。门檐上“双溪”二字是朱德元帅手书。1965 年周恩来总理、陈毅副总理曾在此下榻。旅舍为平房建筑，古朴幽雅，极富岭南园林风格，如今已辟为餐馆。双溪的入门处有个放生池，长满绿草的岩墙上书有四个大字“双溪古寺”，放生池的右边种植有五株高大的鸡蛋花树。

我和老朱自小生活在山区，落叶树木倒也见识不少，但小朱，出生成长在广州，一年四季基本上没怎么见过落光了叶子的树。所以，每次一进到双溪，小朱就直奔鸡蛋花树下，然后就是一片嚷嚷声：“看！长得满树绿色像圆头状的鸡蛋花树，变得光秃秃啦，奇形怪状的树干上还有斑点呢，好像动画片《小鹿斑比》里鹿儿们的长角哟，爸爸妈妈，你们看看，像不像一群鹿在用鹿角玩耍打架呀。”幸福孩子的想象力，还真是充满了童真童趣。

而老朱呢，对鸡蛋花树印象深刻，也是从光秃秃树干开始的。老朱说，最初看到这树，挺“惊艳”的——干脆利落得一片叶子不剩的鸡蛋花树，光秃秃的树枝布满了节疤，一副历经磨难的样子，在郁郁葱葱的树丛中显得格外清寒。而每每看到落光了叶子的鸡蛋花树，老朱眼前晃荡出的就是电影、小说、小人书里看到的“旧社会”。这也很符合我对鸡蛋花树的惊艳感觉。但 90 年代中后期出生的小朱已经对“旧社会”三个字没什么感觉，童话书、动画片陪伴着他幸福成长，所以，光秃秃的鸡蛋花树也能看成像一群鹿儿在玩耍打架。

鸡蛋花花季一般从五六月开始，可延伸至 11 月份。开花时，先在光秃的枝条顶端长出花蕾，叶子经常也同时抽出生长。花蕾刚灿开时，有点像蛋卷，等到全部灿开后，五个花瓣好像风车一样呈螺旋形，花朵外圈一小部分是白色，就像鸡蛋里白白的蛋白，内圈几乎全部是嫩黄色，就像鸡蛋里金黄的蛋黄一样，整朵花儿就犹如蛋白把蛋黄包裹起来，难怪得名鸡蛋花，还有一个好听的名字叫蛋黄花。

白色白得无暇，黄色黄得鲜嫩，尤其是在有阳光照射到花朵时，花瓣变得透明透亮，整朵花洋溢出一种高雅端庄之美。怪不得鸡蛋花会被雅淡端庄的佛教寺院定为“五树六花”之一而被广泛栽植，故又名“庙树”或“塔树”。双溪，原本就是一座古寺，种上鸡蛋花，正是最恰当了。整座白云山，虽然有不少地方都种植有鸡蛋花，比如，农艺园、云溪生态园叠水园湖畔、桃花涧、柯子岭门口等，但这些地方往往都是一两棵一两棵分散种植的，很少有像双溪古寺五棵连片种植在一起的，因而双溪古寺的鸡蛋花就开得最为繁茂，也最为浓香了。尤其是，这片鸡蛋花树就种植在水池边，花瓣儿经常落到水面上，风一吹，鸡蛋花就如一个个风车在旋转，煞是好看。

初爬白云山时，午间我们特别喜欢到双溪旅舍吃饭，环境优雅、安静，尤其是一大排大榕树的榕须悬垂下来，显得非常的古朴，坐在榕树下面吃饭，还有鸟儿唧唧鸣叫，仿佛有了种远古的味道。当然，等饭菜上桌，往往需要一些时间，如果是碰上鸡蛋花盛开的秋天，这时候小朱就喜欢牵着爸爸的手，先去双溪旅舍门口的放生池旁，去看看放生池边的那五株高大鸡蛋花树，再看看鸡蛋花落在池中，转呀转，小朱就笑呀笑。就算是在冬天，鸡蛋花没开，整棵树

也落光了叶子，有时候小朱也喜欢牵着爸爸的手，去看一看“用鹿角玩耍打架”的鸡蛋花，哪一个“鹿角”更大，长得更奇特。

但，有点可惜的是，自 2014 年起，双溪旅舍的餐馆就没再营业了，每次走过双溪旅舍，遥望树木葱郁的双溪，我们总会想起大榕树下吃饭的那种悠闲美景，忍不住一阵惆怅。不过，还好的是，双溪旅舍放生池边的五株高大鸡蛋花树，每年秋天到来，都还一直开得很茂盛。

鸡蛋花除了白色，还有红色和粉色。双溪旅舍的鸡蛋花，是一色的白，桃花涧则有两株红色鸡蛋花，柯子岭门口则有一株粉红色鸡蛋花。就我个人来说，我最喜欢高雅端庄的白色鸡蛋花，至于粉色鸡蛋花，其花瓣虽然大部分是粉色，内圈中心也只剩为数不多的一小部分是黄色，但因为粉色比较淡，让人觉得浓淡相宜，尽管难以像白色鸡蛋花那么素洁高雅，但也自有一种雅淡素洁之美。最不喜欢的是红色鸡蛋花。红色鸡蛋花的五个花瓣大部分是红色，只剩内圈中心为数不多的一小部分是黄色，而又因为红色本来就很夺目抢眼，更把那一小

部分的黄色挤压得局促、憋屈了，有时候甚至连一点淡黄色都看不到。鸡蛋花里没有了标志性的淡黄色，还有鸡蛋花的韵味么？所以，每次看红色鸡蛋花，都觉得怪怪的。

对于我发表的一番关于鸡蛋花颜色的高论，小朱和老朱也说深有同感。哦哦哦，看来，我们一家人一起看花久了，对花的审美情趣，都很一致哩。

鸡蛋花还有一个名字——占芭花。占芭花是老挝的独有叫法，它是老挝的国花，一年四季都盛开在老挝街头巷尾、房前屋后。老挝人对占芭花宠爱有加，他们相信高雅的占芭花，代表着圣洁和美好品德，因此老挝人在欢庆泼水节时，只有代表神灵的佛像、虔诚而高贵的佛教徒、至爱亲朋和远方贵宾，才享有被浸有占芭花的水淋身的待遇。

还有点特别的是，一般的花儿都有花心，但鸡蛋花却没有花心。据说，有海南人俗称它“好男人花”，因为没有“花心”，这也煞是有趣好玩。

鸡蛋花清香淡雅，且花落后数天也能保持香味，识饮识食的广州人，把鸡蛋花晒干了泡茶喝，可清润肠胃。鸡蛋花还是肇庆市市花，有人说，肇庆的鸡蛋花因生长在七星岩上，所汲之水乃为山泉水，故用七星岩所产的鸡蛋花泡茶，特别清润。

后来我们一家到肇庆游玩，在鼎湖山的庆云寺慕名点了壶鸡蛋花茶。庆云寺是广东四大名刹之一，周边种满了鸡蛋花。在庆云寺喝佛教名茶鸡蛋花茶，倒也挺应景的。一壶鸡蛋花茶端上来，飘散着淡淡的甘甜味，喝上一口，嘴留香，口清润，心闲静。

美人蕉：

丹萼高擎映日红

老朱和小朱经常笑我，一看见花儿，总是往公主啦美人呀那想。这下可好了，遇见美人蕉，我不用想什么公主美人的，因为这花儿名字上就张扬着“美人”大招牌，而其花儿长得也确实美。可以说，从花名到花模样，美人蕉都可算得上是花族中名副其实的大美人了。

老朱笑说，如果追根溯源，明代以前，这种花还真不是叫作美人蕉，其芳名叫红蕉，原因大概是因为这种花多为红色且叶似芭蕉吧，对于红蕉，历代诗人尤其是唐代诗人有很多题咏呢！比如说，“红蕉花样炎方识”（李绅《红蕉花》），“红蕉曾到岭南看”（徐凝《红蕉》），“红蕉当美人”（白居易《东亭闲望》），“风弄红蕉叶叶声”（杜荀鹤《闽中秋思》），“江路湿红蕉”（皇甫松《江上送别》，“绿杨深处有红蕉”（李茂复《马上有见》），“红蕉叶里猩猩语”（毛文锡《中兴乐》），“肠断红蕉花晚”（朱敦儒《沙塞子》），等等。一直到明代，一位无名诗人写了首《美人蕉》——“芭蕉叶叶扬瑶空，丹萼高擎映日红。一似美人春睡起，绛唇翠袖舞东风。”此诗一出来，美人蕉这个名字很快传播开来，并渐渐取代了红蕉。

我笑哈哈应道，以前叫什么无关紧要啦，反正现在叫美人蕉就好啦。当然啦，大凡大美人，最喜欢的一个招牌动作——肯定就是时不时都爱照照镜子，有一种顾影自怜，抑或是自恋的风范。所以，长在水边的美人蕉，自然就最具有美人的气韵啦！就像《诗经》里说的——所谓伊人，在水一方。

白云山的花匠们，也真的很懂得美人蕉这种“伊人在水”的自怜自恋的风情，不少地方的美人蕉，都一溜地种植在水边上。比如，梅花谷、桃花涧、云台花园生态木栈道湖边、云溪生态园叠水园、观荷园，对了，还有近几年来开张的月溪书院，小水池边也种植有不少。除了这些水边生长的美人蕉，云溪生态园大红花园内、云台花园玻璃温室附近也种植有不少，不过，这些地方的美人蕉，少了水的陪衬，终究觉得还是少了点味儿。

美人蕉开花前，会先顶出一个青绿色的大花苞，过三两天，花苞就会炸开，长出很多小花苞，小花苞尖尖的，好像青色的指天椒一样，高高低低地直指蓝天。再过几天，一个个指天椒样的尖尖花苞就会开花，那红红黄黄的花紧紧簇拥在一起，黄的像一团金光，红的像一团火焰。美人蕉的花瓣，大而柔软，且向下反曲，让过大的花瓣，显出了些许灵动感。最喜人的是，这美人蕉，没有什么老化迹象，几乎四季都开得那么娇艳。哇！一年四季，都能如此美丽动人，哪个女子不羡慕呀？

美人蕉的花色有很多种，最常见的是红黄两种，但经常地，都不是很纯色的红与黄，而是点缀着一些配色，就像一个美女，总是会搭配上诸如丝巾、手套之类的小物件，让自己出彩又出众。比如说，红色美人蕉，一大团火样的红，红得太紧实，于是它就在花瓣边沿点缀上一圈金色的花边，这就好像美女穿上一条裙子，裙角缀上一圈金色的裙边，顿时轻盈又好看。而黄色美人蕉，一大团金光，明晃晃地直撞眼球，让人眼神有一些逼迫感，于是它就在花瓣上缀上无数细碎的红色斑点。每次看到这种斑点，我就会想起那个满脸雀斑却走红世界各大 T 型台的名模吕燕。

白云山上除了常见的黄红两色美人蕉，还有橙色和粉色美人蕉。橙色美人蕉和黄色美人蕉的爱美品性很相近，都是花瓣上面点缀有斑点，只是没黄色美人蕉那么密集，斑点也显得没那么明显，有点若隐若现的。而我最喜欢的是粉色美人蕉。粉色美人蕉与平常见惯的大朵朵的美人蕉不一样，它长得小朵很多，见多了大朵的美人蕉，顿时觉得这小朵的粉红美人蕉，清新了很多，也婀娜了

好多。那种感觉就像是——大朵朵的红黄美人蕉，像皇后似的，耀眼，又端庄大气；而小朵的美人蕉，粉嫩，可爱，青春，还很萌。所以，一到云台花园，我总喜欢溜达到云台花园生态木栈道湖边，因为那粉色小朵的美人蕉，就亭亭玉立在这里，天天临水照镜子。这下，老朱和小朱就笑说——美人看美人，那是顾影自怜。

在植物书上，我们还看到有一种双色鸳鸯美人蕉，是美人蕉属类中少见的稀世珍品，因在同一枝花茎上争奇斗艳、开出大红与艳黄两种颜色的花而得名，花瓣红黄各半，同株异染，更奇特之处是红花瓣上点缀着鲜黄星点，黄花瓣上装饰着鲜红光斑。不过，我们一直无缘看到这种美人蕉。

虽然没有看到鸳鸯美人蕉，不过，看美人蕉却让我们有了一大惊喜——美人蕉竟然会结果，而且，那果子还很漂亮呢。那果子，是长卵形，有绿色有紫红色，还有软刺，上面还顶着花开后留下的红色花壳子，就像果子上又长出了一小朵花，好看又可爱。

美人蕉应当是我们最熟知的一种植物了，但是一直以来，我们只知道美人蕉花开得漂亮，却从来没关注过它的果实。其实，美人蕉的果，长得也极富特色，先是圆圆的绿色，身上长满一粒粒珠子，犹如一粒粒绿色的珍珠；长大、成熟，那一粒粒绿色的珍珠，变成了紫红色的珍珠，这时候看起来感觉有点像熟透了的杨梅果。每每这么一想，我满口都是酸呀酸——杨梅果太熟悉了，小时候常到山上采摘来吃。或许因为小时候吃太多了，长大了之后，我特别怕吃杨梅果。吃杨梅果的经历，常让我想起宋代词人辛弃疾在《沁园春·将止酒》所写的——“物无美恶，过则为灾”。这是很绝对的一个真理，任何东西，只有适度才是最美的境界。

小朱对酸杨梅没什么特别的感觉，虽然吃过，但吃得极少。不过，对美人蕉的果子，小朱却在一旁唠叨开了：这都怪美人蕉长得太过漂亮，让我们忽视了它的果子之美啦。

其实，这也是生活中的一个真理——大美，美得过于耀眼，往往会遮盖了其他的小美。而要发现小美，则更需要一双善于发现的眼睛。认识一种花如此，

而认识一个人，不也一样要如此吗？

美人蕉硕大的花朵绽开，团团红霞，似姑娘转身飘起的艳丽裙摆。不论颜色红、橙、黄，其花从不收敛，即使是绸缎般的花瓣蔫了，也还是一副醉了的艳态。由此，忍不住想到了美人蕉的一个传说，这个传说与美人虞姬相关。

楚汉相争，楚霸王项羽被困垓下四面楚歌。美丽的虞姬为激励项羽突围，毅然拔剑自刎——美人谢落，依然是一副醉艳的姿态。项羽挥泪告别死去的爱妻，率部下突围来到乌江，前有乌江，后有汉兵围追，楚霸王见大势已去，自惭无脸再见江东父老，亦拔剑自刎，随身的金鞭插入地下，生长成一种植物霸王鞭，宛如楚霸王的威严英武。虞姬死后香魂不散，追随至乌江边，见到夫君化作的霸王鞭，随即化作美人蕉常伴于霸王鞭身旁。

这个千古传说，让我想起了《美人蕉》那首流行曲，里面有两句歌词，不仅是对千古流传的美人英雄故事，也是对美人蕉这种花的一种好注解——“西风一叹烟花一笑不胜轻柔的美人蕉，不问英雄何曾走来爱恨又知多少。”

翅荚决明：

半开半闭蜡烛花

我们是在云台花园的花城水恋景区，最先看到翅荚决明的，共有五株，其中一株的树枝上还挂有花名小牌子。

这个名花实在有些陌生，因为我们在白云山其他地方都没见过这花儿。而且，这花名读起来也很拗口，我拍了花的照片发微信去，没写花名，就是想看看有没朋友认识这花儿？朋友们的回复，五花八门，“好像叫烛光顶，乱猜！”“唐代李白有说‘翡翠黄金缕，绣成歌舞衣’，这花儿金灿灿的，是黄金缕吧？”“蜡烛花吧？”“黄槐的变种吗？”……呵呵，还真好玩。后来我把翅荚决明的名字发上微信，结果，朋友们这一次回复倒是很一致了：“这么复杂的名字呀！”然后，再加一个龇牙的笑脸。

我们仨也觉得这名字挺复杂的，不知道为什么有这么个生僻的花名。细看介绍花的小牌子上，只写着“苏木科，决明属；原产地：热带美洲；习性：喜阳；花期：11 月 ~1 月”。而且我们在云台花园看到翅荚决明开花是 9 月底，不是牌子上说的“11 月 ~1 月”。不过，广州是个花城，四季都飞花，所以，花期早一些长一些，也不足为奇的。

绕着翅荚决明树儿转了几圈，细看花儿，真的越看越漂亮：绿绿的花梗，长长地伸出，直立于茎顶，呈穗状，花色鲜黄，看着真的犹如蜡烛状，而且花儿一束束，数量还开得真不少，看着就犹如一根根金黄色的蜡烛在燃烧，营造出了一种金秋收获季节的喜洋洋的氛围。小朱说：“叫蜡烛花，应该还是有点靠谱的。”后来，我们查过植物书，还真有一个别名叫“蜡烛花”。

翅荚决明的花好看，开得也特别有个性，半开半闭。一是，长长的金黄色蜡烛状花柱，往往是上半截的花柱不开花，呈现的是金黄色的花苞状，只有下半截的花柱会灿开几朵而已；二是，下半截金黄色花柱开出的同样是金黄色的花朵，却不是全部张开，而是呈现出一个球形，只在中间半张开一个口子，五片花瓣儿都卷曲向花心，似乎总是想把花心藏着掖着似的。所以，要看清楚圆球似的花心，还得探头探脑，这个看不清，再看下一个，终于才稍微看到，金黄色的花瓣里面有一些明显的紫色脉纹，还有一根长长的弯钩似的青色花蕊。这弯钩花蕊，还挺逗的，不管花儿如何半开半闭着，它总会想方设法找到出口，伸出花瓣外去，等到花瓣儿凋落了，这弯钩花蕊也变黄了，但依然坚定地挂在树枝上，真是美得好鲜明好有个性哟！

我笑说：“现在的年轻人都喜欢说——我的地盘我做主！这翅荚决明的青色花蕊，倒是挺赶潮流的。”老朱和小朱都笑了，尤其小朱笑得更开心——正当年轻呀，谁会不喜欢“我的地盘我做主”这种疯狂！

翅荚决明的花，开得个性鲜明，果实也一样结得个性鲜明。那荚果，扁扁的，呈长带状，有齿印，有条纹，有些还长得有半个手臂那么长，仿如一把青色的大刀，给人一种极锋利的感觉。最特别的是，每个荚果的中央顶部有直贯至尾部的翅。老朱说：“荚果具翅，难怪得名翅荚决明了。”呵呵，总算为这生僻的花名，找到了一个形象的理由。不仅荚果长翅，荚果的边也还有圆钝的齿，摸一摸，硬邦邦的，还挺刺手的。更特别的还在于，一般来说，很多树木的果儿都是垂挂下来的，但翅荚决明的果子这么长，却还是坚决横着生长。于是，一层层地横着生长的荚果，树上就像挂满了一个个绿色的圆盘似的。等到荚果成熟时，

变成了黑色，于是，就看见满树的黑色圆盘在飞舞。

花开得鲜明、果结得有个性的翅荚决明，还有一个很有趣的现象——特喜欢招惹蚂蚁。我们在欣赏翅荚决明花花果果时，老是会看到金黄色的翅荚决明的叶子上爬满了好多小蚂蚁，有时候稍微拍照得久一些，还有小蚂蚁不知趣地爬到我们手上，弄得我和小朱手忙脚乱的。真有点奇怪了，小蚂蚁怎么不爬到花上，却喜欢爬在叶子上，难道叶子比花还香？

还真是那么回事呢——原来，翅荚决明是一些蝴蝶幼虫的食物，但它的叶子基部存在蜜腺，可以产生蜜汁吸引蚂蚁来驱逐植株身上的毛虫，从而使自身得到保护。小蚂蚁都爱甜香味，基部存在蜜腺的翅荚决明的叶子，甜蜜蜜的，当然就成为小蚂蚁们的最爱啦。

连叶子也能鲜明得如此有个性，这翅荚决明，果真全身都具有各自不同的风采呀，而且还全身都是宝呢！因为翅荚决明还是一种非常重要的药用植物。翅荚决明的叶子和枝液都含有大黄酚，具有一定的杀真菌作用，可以用来治疗皮肤病，而又由于翅荚决明含有抗真菌的成分，所以，在菲律宾，翅荚决明的叶子和枝液便成为制造香皂、洗发液、沐浴液的最常见原料之一，种子因含有皂角苷又可以作为驱除肠道寄生虫的驱虫剂；在非洲，煮沸的翅荚决明叶子被用来治疗高血压；在南非，除了被用来治疗皮肤病外，还被用来治疗胃病、发烧、哮喘、毒蛇咬伤与性病等，真乃货真价实的全身都是宝呀。

认识了翅荚决明后，我们一家越来越觉得植物的世界实在太奇妙了，也越发地喜欢到白云山的角角落落寻找花花朵朵。在微信上，我经常发的都是在白云山上寻找到的花花朵朵，以及寻找花花朵朵的快乐，好多朋友热情地评价说——逐花者，小娴也。并送我一个雅号——“白云山达人”。

“逐花者”“白云山达人”——这两个评价，我是十二分的喜欢。其实，这两个评价，不仅特适合我，也特适合我们一家的生活情态。在白云山上逐花，一家三口笑口常开，植物知识也突飞猛进。为此，老朱还曾经带领几名大学生以白云山的文化植物为考察对象，参加了“挑战杯广东省大学生课外学术科技作品竞赛”，他们所写的作品《文化植物，待唤醒的独特文化载体——以广州白云山景区文化建设为例》获得了哲学社会科学类的特等奖。

后来，老朱还在白云山山顶公园“开课”，讲过一场普及文化植物知识、增强对文化植物与生态环境保护意识的便民讲座：“亲草木　识人文　秀美景——白云山文化植物赏鉴”。老朱说，能获得特等奖，能有机会讲这堂课，这是我们全家在白云山上一起逐花多年的积累，也是我们家爱上植物的甜蜜生活的总结。

遍地黄金：

金币闪闪满地滚

遍地黄金，很俗，却很形象的一个花名。

这是长得很低矮的一种地被植物，株高也就十厘米的样子，匍匐生长在地上，叶子四季常绿，生长茂密。花儿一年四季常开，金黄色小花点缀绿叶间，格外亮眼，远远看过去，犹如一片片洒金绿地，因而美其名曰——遍地黄金。

遍地黄金的花，很娇嫩，如纽扣般大小，花瓣有三片，其中一片竖起，其他两片微微伸开，里面还包裹着一根花柱，呈斜卵形竖起的一片比微微伸开的两片大很多，上面还能看到有一丝丝红金色的纵脉纹，花瓣边缘反卷，呈扇形，给我一个感觉——太像古代仕女手上拿的轻轻盈盈的小扇子了，风一吹，满地小扇子晃动，挺有情调的。

老朱说，这晃动的小扇子，和我们熟知的花生花很相似。其实呀，遍地黄金的中文学名就叫——巴西花生藤。虽然也有花生两字，但和花生是完全不同的哟：花生会长出香喷喷的花生果，而巴西花生藤是一种观赏植物，不会结果，只会开花，开出黄灿灿的小花。

小朱出生成长在广州，只吃过香喷喷的花生果，但对花生这种植物一点印象都没有。小朱说："这遍地黄金的黄色小花，很像金币呢，很像史高治・麦克老鸭那座金库里的金币呢！"呵呵，还真别说，这纽扣般大小的遍地黄金花，真如五角钱的硬币大小，而且，五角钱的硬币也是金色的呢。

至于史高治·麦克老鸭嘛，这是孩子们最熟悉的《米老鼠》系列书里的漫画形象，他是全世界最富有的鸭子，还是个经常占据福布斯虚拟人物财富榜榜首的人物。麦克老鸭是水手唐老鸭的叔叔，以探寻宝藏和开采金矿等生意起家，十分热衷于金币收藏，其公司总部的保险柜式仓库中囤积有大量金币，他最喜欢两件事：一是，每天用尺子量一量金库里的金币上涨了几厘米；二是，每天上班前，他一定要洗一趟金币浴，才能神清气爽。

小朱自小就喜欢米老鼠，家里有很多米老鼠的书，后来都送人了，只有《终极米迷》系列书一直不舍得送人，现在还摆在书架上，那是小朱的最爱，就算后来长大了，也时不时抽一本翻看一下。这也难怪小朱一眼看见遍地黄金，立马就想到麦克老鸭的金币和金库啦。后来，我们去爬白云山，在山上看到遍地黄金，干脆就说，看麦克老鸭的金库去。

"麦克老鸭的金库"遍地黄金，在白云山创意农艺园和云溪生态园种植得最为有气势，尤其是云溪生态园的紫缘轩附近、大红花园周边、果香园沿路，都是大片大片生长的，到了秋天，花开最为茂盛的季节，远远望去，还真的是遍地黄金呢！风一吹，就如满地的小金

币在翻滚呢。而创意农艺园的那一片遍地黄金，虽然气势上比不上云溪生态公园，但生长在有点小斜坡的地方，因为有坡度，就有了一种低低高高往上升的层次感，花盛放时，翻滚起一层高过一层的金黄色花浪。小朱高兴极了，麦克老鸭的金库，又上升几厘米啦！嘿！不知道这金黄色花浪里，哪一朵更像麦克老鸭的幸运金币？

说起幸运金币，看过米老鼠书的小朋友们一定很清楚，这枚幸运金币是麦克老鸭人生中挣到的第一枚硬币，当时他才十岁，父亲送了他一套擦鞋工具，他到大街上去给一个矿工擦鞋子赚到的。麦克老鸭始终认为，是这一块幸运金币，给予了他人生最初始的美好。所以，他很珍惜这枚金币，每天都一定要把这枚金币擦得金光闪闪的。

老朱说，麦克老鸭一直把幸运金币擦得金光闪闪的，遍地黄金花丛里，哪朵花色开得最灿烂，应该就最像幸运金币了。于是，我们仨各自跑到花丛中寻找心目中如“幸运金币”的花朵。“看呀，这朵花好像幸运金币哟！”“嘿！这朵花亮闪闪的，更像幸运金币呢”——哈哈哈，看遍地黄金，寻“幸运金币”，一家三口，闹得好乐哟！

扶桑花：

时尚高手大红花

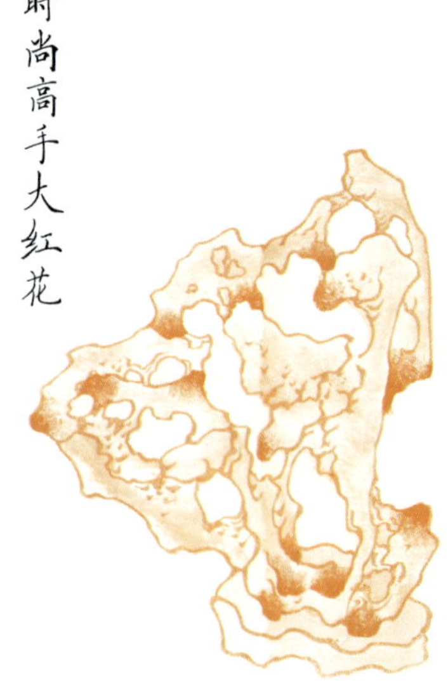

有一部与扶桑花有关的电影《扶桑花女孩》，是由日籍韩裔导演李相日执导的。影片根据真人真事改编而成。讲述日本昭和四十年，福岛县的煤矿小镇打算以兴建夏威夷度假中心来拯救矿场的财务危机。于是，一群为了改变命运而舞的女孩们身穿华丽草裙，头戴扶桑花头饰，身上套着扶桑花花环，在夏威夷度假村的舞台上舞出一曲追求梦想的生命之舞，也舞出了煤矿小镇的未来和出路。影片里的一群女孩热情奔放，一如扶桑花一样，散发着一种红红火火的坚定力量。

红彤彤的扶桑花，是我们最常见的一种扶桑花，在白云山的回归林、云台花园茶花园，荡胸亭往云山北路方向都能看到不少这种红彤彤的扶桑花，漏斗形，大朵朵，艳丽丽，初看其外表，热情奔放，着实是个不折不扣的豪放女；但细看之，就会发现扶桑花从花中心伸出一个独特的细长花管，花管上由好多黄色小球般的小蕊联结起来，花管的顶端还有色彩缤纷的五个小圆点，这五个小圆点就像是扶桑的定妆照，让整朵花结构显得相当精致，就如同热情外表下的女子也有纤细之心，具有一种微妙之美。小朱小时候，特别喜欢这五个小圆点，

每当看到扶桑花，经常会用手指去轻轻逗弄一下五个小圆点，小圆点给逗得一颤一颤的，上下左右晃动，小朱在一旁乐得哈哈大笑。

扶桑花的颜色有很多种，但不管是什么颜色，除每朵花的花蕊比较固定是黄色小球外，其花中心、五个小圆点都有自己独特的搭配，就好像一个时装模特，经过精心搭配和装扮，才灿烂在人们的眼前。白色扶桑，花心是深红色，五个顶端小圆点则是金黄色；深粉红色扶桑，花中心是暗红色，五个小圆点是橙红色；金黄色扶桑，花中心是橙红色，五个小圆点是淡红色……就连平常见得最多的红彤彤的扶桑，也自有一番时尚的装扮：黄色花蕊上亮出五个更鲜红的小圆点，刹那间就让长得胖乎乎的红彤彤扶桑，有了几分婀娜的妖姿。对了，这种红彤彤的扶桑花还是马来西亚的国花，代表着勇敢、强大的生命力与快速的繁衍能力，象征马来西亚国家与国民生生不息地茁壮成长。马来西亚神圣的国徽上也有扶桑的图案，五瓣花瓣代表马来西亚的“国家原则”（信奉上苍、忠于君国、维护宪法、尊崇法治、培养德行）。

当然，最好看的是浅黄色扶桑，花色很有层次感，花心从鲜红渐变到乳白，五个小圆点则是淡淡的米黄色，而五瓣花瓣的尾部全部裂开，还真像女子身上穿着的草裙了。这让我忍不住想到了美国夏威夷那些腰挂草裙的土著女郎。据说，夏威夷的土著女郎们喜欢把扶桑花插在头上：插在左耳上方表示“我希望有爱人”；插在右耳上方表示“我已经有爱人了”；至于两边都插呢？有人猜测说，大概是“我已经有爱人了，但是还希望能选到更好的男子。”哦！好浪漫的一

种生活情致!

所以，我一直觉得，如果要在满山花色的白云山上，找一位最会配色的时尚高手，那就非扶桑花莫属了。当然了，云溪生态园大红花园里的扶桑花，植株茂密，花色众多，无疑是整个白云山扶桑花家族里最最上镜的时尚一族了。上面提及的色彩缤纷的扶桑，云溪生态园大红花园里全都有。此外，大红花园还有很多重瓣的扶桑，这可是不多见的哟。呵呵，这里先插一句，大红花就是扶桑的别名。

大红花园里的重瓣扶桑，除了五个小圆点定妆照完美保留外，其他地方都与单瓣的扶桑花差别很大：花瓣不是简单的五瓣，而是五六七八九瓣都有；花瓣也不像单瓣的张开着，而是稍微有点卷曲；模样也不是单一的漏斗形，而是有上下好几层的，而且长长的花管上还往往会长出花瓣来。微风一吹，这重瓣扶桑，就好像穿了长长花色裙的女子在旋舞，亮起了一圈圈彩色的花影。

虽然白云山上很多地方都能看到扶桑花，但颜色单调，只有红彤彤一种，而且也没有重瓣的扶桑花。所以，虽然我们家比较少专门去云溪生态园游玩，但每当扶桑花盛开的秋天，我们家总是不忘去云溪生态园溜达溜达，看看色彩缤纷的扶桑花，看看重瓣扶桑花的花影舞，整个秋天，都会有时尚装扮高手扶桑花的缤纷花影了。

其实，时尚装扮高手扶桑花，除了大红花的别名外，还有很多别名，比如，朱槿、日及、火红花、二红花等，但老朱和我一直最喜欢的是扶桑和朱槿这两个花名，既雅致又有古典文化意蕴。

扶桑，在古代不少典籍都有记载。比如，明代李时珍的《本草纲目·木三·扶桑》就这样写道：“扶桑产南方，乃木槿别种。其枝柯柔弱，叶深绿，微涩如桑。其花有红黄白三色，红者尤贵，呼为朱槿。”至于朱槿这个名字，唐代诗人李绅写有《朱槿花》：“瘴烟长暖无霜雪，槿艳繁花满树红。每叹芳菲四时厌，不知开落有春风。”诗中说，朱槿产南方，山中有瘴气又长年温暖无霜雪，却有朱槿这种异树奇葩，繁花满枝，红艳无比，且四时开花不厌，它并不因春风之来而开，也不以春风之去而凋。的确，朱槿在广州白云山上，如今也是一年四季都盛开着呢，但以秋天为最旺盛。

小朱长大后也喜欢扶桑和朱槿这两个有文化意蕴的花名，但小朱在小时候最喜欢叫大红花，尤其是读小学时代，更是经常口不离大红花，那是因为小学老师喜欢在学生的本本上画一朵朵大红花。虽然此大红花非彼大红花，但小朱说：“小朋友的日记和作业，写得好看漂亮，老师就会画上大红花。老师的大红花和白云山上的大红花一样，都很好看很漂亮呢！”所以，小朱的日记写得漂亮

时，就会高兴地拿着日记本向我们炫耀：“看，老师又在我的日记本上画了一朵漂亮的大红花。”也因此，每当走在白云山上，见到大红花，小朱往往就会说：“看！大红花开得多漂亮，老师喜欢大红花，我也喜欢大红花。”对小朱而言，大红花这个名字，就是他小学时光的一段美好记忆。

自从小朱两岁半开始，我们家周末都去爬白云山，自然地，小朱对白云山的花花草草都有着很深的感情。读小学时，小朱写过很多白云山上的花草树木还有昆虫，老师在小朱的日记上面画过不少大红花，还曾经写过那么一句羡慕的话：“你们一家经常爬白云山，好幸福哟！”而老朱也很得意地在老师的评语下回了一句：“白云山，就是我们家的后花园呐！”

老朱和我，一直盼望小朱能写篇白云山的大红花日记，然后，再盼望看到小学老师在大红花这篇日记上画上一朵大红花——两朵大红花同时开放，那是一种多么美好的纪念。但，小朱从来没写过大红花，两朵大红花同时开放的期望，当然也一直没能实现，是为遗憾。

大花老鸦嘴：

悠闲自在蓝花女

有些花名，稀奇古怪的，一见难忘。比如，那种有着“老鸦嘴”名字的漂亮花朵儿。

最早看到“老鸦嘴”，是在华南植物园。那天我们是从大门右手边进去，绕着温室的铁篱笆旁的小道往前走，忽然看到铁篱笆上有种花，颜色很特别，是比较少见的蓝紫色，既娇艳，又贵气；而花形也奇特，花冠长长，是斜喇叭形，花瓣裂成五瓣，花朵的中心为杏黄色。如果从侧面看花，弯曲向上的喇叭花形，让我和老朱立马就联想起老式留声机上的扩音器。但小朱这年轻一代，几乎都不知道老式留声机长啥样子啦。不过，小朱说，他找寻一些歌曲时，在网络上看到过老式留声机上的扩音器照片，和这蓝紫色的花儿长得还真像哩。

这么娇艳贵气，又带有怀旧形状的花儿，想来该有一个漂亮的名字吧。但是，让我们大跌眼镜的是，竟然看到花枝下挂着一块小牌子“硬枝老鸦嘴”。实在想不透，如此漂亮的花儿，为什么会有这样一个又怪又长的名字？而且，整株树并不高，大概和我差不多，叶片小，分枝多，枝条也相对柔软，哪来的硬枝呀？怎么看，无论花型、花色、花的质地、叶子乃至整株树的形状，没有一样能和“老鸦嘴”联系得起来。反正，感觉就像一个俏娇的江南小妞，却起了个山东大汉的名字，把我们的神经，刺激得一愣一愣的，老半天都回不过神来。当然，从此我们也深深记住了这个怪怪长长的花名，尤其是我记得特牢，因为我对稀奇古怪的花名，总是有种独特的好感。

我们家对花的熟悉程度，最厉害的应该是老朱。所以，很多花，一眼看过去，老朱往往是第一个叫出名字的。只有碰到大花老鸦嘴，在老朱还在想是什么花时，我早已脱口而出“大花老鸦嘴”，总算小小赢了老朱一回。小朱评价说：“老爸终于 out 了。以怪取胜，最适合写文章的老妈的思维！”

因为硬枝老鸦嘴长得实在太怪趣了，于是，每当周末去爬白云山，我们便希望遇见硬枝老鸦嘴，可惜一直未能如愿。大概六七年前吧，云山中路离山庄旅舍不远处的畅然居小卖部，在旁边的空地上搭起了铁棚架，而后就看到棚架边种上了植物，叶儿有巴掌般大，很快就爬满棚架，蔓延到整个小卖部屋顶了。等秋天一到，时不时就能看到不少绿绿的两片叶状苞片花蕾，待花蕾开裂后，露出了蓝色的花儿，也是裂成五瓣花瓣，花冠呈漏斗形，花儿呈大大的喇叭状，初花为蓝色，盛花是浅蓝色，末花则近白色，真是漂亮又善变的花儿哟。

我们一开始弄不清楚这是什么花。有天，看到有个年轻的园林工人在一旁除草，便赶紧询问，园林工人张口答道：“这花儿，叫大花老鸦嘴。”老鸦嘴？又一个刺激我们神经的花名出现啦。当然，刺激我们的还有这年轻的园林工人，竟然知道这花的古怪名字。老朱不由得来了一句赞叹——高手藏在云山中呀！

不过，比起硬枝老鸦嘴，大花老鸦嘴这名字，虽然也让人啼笑皆非，但还算是靠谱一点了。至少，大花老鸦嘴的花朵，真真是大呀，朵朵都像碗那么大。但老鸦嘴这三个字，还是很让人琢磨。其实，我们观察大花老鸦嘴有好几年了，这花儿开时，很少突然一起开得旺旺盛盛的，而是比较随性，就像一个喜欢悠闲自在的女子，情随心动，时不时，这里开一朵，那里开一朵；偶尔，兴致来了，也会哗啦啦地一下灿开好几朵，此时，成串的浅蓝色的大花儿垂挂而下，编织成美丽的藤帘，随风摇曳，晃过一道道蓝光，瞬间增添了几分美妙的情韵。或许正是因了这种随性与悠闲自在的状态，大花老鸦嘴的花期延伸得比较长，让我们从夏末到初冬，都能不间断地看到有蓝花儿灿开。

至今，我们始终弄不明白，为什么会叫大花老鸦嘴这个花名？大花老鸦嘴又有哪一点像“老鸦嘴”？也曾查过一些关于花的资料，基本上都这样写道：

“蒴果下部近球形，上部具长喙，果实开裂时似乌鸦嘴，因此而得名。”可是，我们一家观察畅然居的大花老鸦嘴已经好几年了，都没看到有果儿呀。

以我个人观之，如果非要说与老鸦嘴挨边儿的，大概就是花瓣中间开裂时，露出了淡淡杏黄色，有点形似乌鸦的黄嘴巴而得名“大花老鸦嘴”的吧。老朱和小朱都说，这么猜想后，再看看大花老鸦嘴，似乎还真像是这么回事了。

可惜的是，2016 年的秋天过后，畅然居的那一排茂茂密密的大花老鸦嘴，竟然不见影了，而换上了一排竹子。我们找呀找，好不容易才找到隐藏在竹子里的矮矮的两小株弱苗。又是一个不明白：为什么要把这么好看的大花老鸦嘴换成竹子？

虽然竹子绿茸茸的，也好看，但是，白云山很多地方都有竹子呀，而且还壮观得成片成林的。比如说，竹溪、竹苑，这两个地方，竹子都是茂茂盛盛的一大片，山涧溪水蜿蜒，竹影婆娑，颇有风情。甚至，在竹苑，还有几丛保护起来的珍稀的巨龙竹，犹如参天大树，直插云霄，壮观极了。但如今在畅然居的铁棚架旁，种上这么一排竹子，既没有山涧水，再加上铁棚架就在路边，也不可能让竹子恣意生长，往往还会修剪，这下倒让竹子的姿态显得有些逼仄了，根本比不上藤蔓植物大花老鸦嘴，一根根枝条，会攀爬而上，恣意地窜上屋顶，那姿态，要多潇洒就有多潇洒，看得人通体舒畅。

我们曾经看过，恣意攀爬上畅然居屋顶的大花老鸦嘴，其中一条藤蔓，刚好开了两朵花，两朵花两两相对，正巧把“畅然居”三个字包在一起，花字相间，雅致极了。可惜那天我们相机没电了，又是个细雨天，用手机拍，却拍得模糊一片，甚为遗憾。虽然美景没拍下，但是却记在了心里，成为一抹永不褪色的美好记忆。

畅然居的大花老鸭嘴，远去了。还好，白云山摩星岭祈福亭下的幸运廊上，也有一长架的大花老鸦嘴。幸运廊弯弯长长的，满架的大花老鸦嘴，弯曲得有点像一袭绿色的长裙。经常能看到一些情侣，手牵着手，在幸运廊下边走边拍照。呵呵，这“乌鸦嘴”，也华丽转身成祝福的幸运花了。但有点美中不足的是，因为幸运廊两边的树木太高大，很少有阳光照射下来，因而幸运廊上的大花老

鸦嘴，只见满架绿云飞舞，却难得一见花开。

难得一见开花的，还有双溪对面的大花老鸦嘴，长得满林子都是，缠缠绕绕在大树枝丫上，风一吹，藤蔓晃呀晃的，像荡千秋似的，好快活哟。但，常常只见满林子的老鸦嘴藤蔓，却很少看过这满林子的老鸦嘴有花开。到底啥时候，这满林子的老鸦嘴才会开花呀？小朱问，老朱问，我也问。但这满林子的老鸦嘴却执拗得很，终还是难见一朵花开。

盼望着，盼望着，春天来了，夏日过了，2016 年的秋天也到了。也就在此时的一个暮晚，我们终于看到双溪对面林子的大花老鸦嘴有一朵花开了，那花儿就斜倚在栏杆上，一副慵懒悠闲的模样，颇有一番美女凭栏眺望的闲适风范。哇！这蓝花女儿家，也真是太有文艺范啦！

自从这一朵有文艺范的大花老鸦嘴一开，时不时地，我们也能看到双溪对面林子的大花老鸦嘴再开出花来了。只是，花开的节奏，依然很缓慢；花开的数量，依然极其少。一整个秋天过去，偌大的一个大花老鸦嘴林子，我们也不过看到上十朵花开而已。看来，这文艺蓝花女，悠闲自在的女神范儿十足呀！

使君子

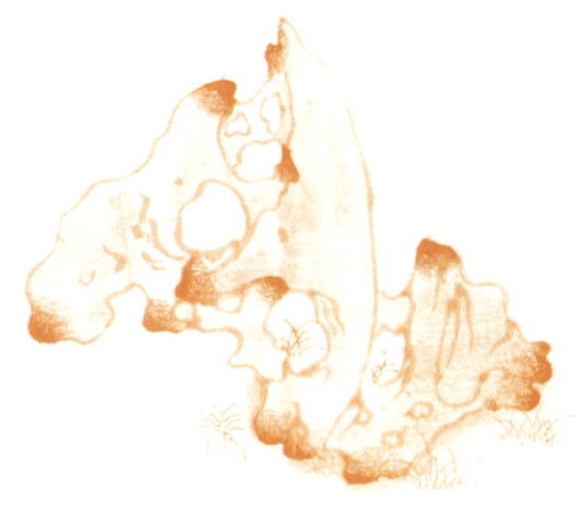

白粉红影满庭芳

2010 年夏季，广州连续出现特大暴雨，导致白云山风景区多处发生山体滑坡，不少地段出现塌方。那段时间我们爬白云山，经常看到抢险车辆在山路上穿梭，抢险人员忙忙碌碌在施工，看得我们心里也挺着急的，为这么好的一座白云山担心不已。

三个多月后，白云山塌方的地方大体整修好了。有些山体滑坡之处，重新用水泥砌成了稍微宽大些的平地，由此就形成了一处处新的观景台，荡胸亭小卖部旁那个又长又大的观景台，便是其中的一个了。

荡胸亭小卖部旁的观景台，一开始只是一个简单的平地，倚着栏杆往下望，看到的全是大大圆圆的水泥柱子和一大片水泥墙体。虽然水泥墙体上种了一些花草树木，但树木还小，水泥墙体和大柱子明晃晃的撞入眼球，初看还是有点令人害怕的。不过，树木花草很快就长大了，隔年后，已经慢慢掩盖了水泥墙体和大圆柱子，再后来看到就是一片绿莹莹，完全与周围的山林融为一体了。而观景台上呢，也搭上了大凉棚，摆上了桌椅供游人小憩，又种上了藤蔓植物使君子。很快，使君子就爬满了凉棚，于是，坐在这儿小憩，喝碗山水豆腐花，赏赏使君子花，就成了一种极美的享受。

使君子，花朵小巧，但开得挺热闹的。先是在枝顶上长出一束伞房状穗状花序，萼筒细长，花柱头上顶着一个白色的小花蕾，看起来有些像一束竖起的白头火柴，很快花柱头开出五片白花瓣，慢慢地花瓣开始变成粉红色。尔后，花瓣会越来越红，几天后整朵花变成了鲜红色。此时，一朵朵完全开放后的红色花朵呈倒垂状，甚为可爱和娇羞，就好像一个个女孩为自己的青春娇艳而害羞似的。

爱美的女孩儿，一天换两三套衣服；而爱美的使君子花，则是数天容颜三变。使君子花，初开时为白色，然后变为粉红色，再变为艳丽的红色，因此常可见同一个花序中有白、粉、红三色的花共存，十分趣致。而每当开花最旺的九、十月，一束束花序，一团团一簇簇如瀑布般垂挂，非常喧闹，仿如一群天真活泼的青春少女，穿着白、粉、红的美丽衣裳，在绿莹莹的大舞台上翩翩起舞。而且，轻盈优雅的使君子花，花香芬芳，每当有风吹过，芳香扑鼻，真真好醉人呐！

其实，白云山上的使君子在不少地方都有种植，山湾茶座门口的棚顶上，桂花湖边的凉亭花廊上，可憩草坪旁茗园酒家的蜿蜒凉棚上，九龙泉餐厅的屋顶上，甚至松涛小卖部斜对面的山坡上，云台花园的月季园和花城水恋景区棚架上，都爬满了使君子。使君子花香浓郁，从旁边经过就可闻到它的花朵散发出来的宜人香气。而且，这些地方的使君子藤蔓，还经常爬到旁边的大树上，于是，高高的树枝上也挂着盛开的使君子花，好看极了。

相对而言，我们对荡胸亭小卖部旁观景台的使君子感情最深，逗留的时间最长，逗留的次数也最多。概因它的出现，伴随着白云山的一段让人揪心的塌方场景。于是，每当来到这观景台小憩，如果是和朋友爬山，我们一家都会和朋友们提起当年塌方的那种可怕情景。朋友们比较少爬山，当然不清楚这个观景台从前的风光，他们往往会“哇哇哇”地发出感叹，觉得这简直不可思议。当然，最常见的情态，却是我们一家，优哉游哉地坐在枝繁叶茂的使君子棚架下，总是会忍不住唠嗑起从前的塌方场景，再看看现在棚架上繁花似锦的使君子，也真有点恍如隔世的感觉。当然，这种恍如隔世的感觉，很幸福，很满足。

后来，连小朱也会这样对我们感叹说：“平常我只看到白云山郁郁葱葱、繁花似锦的一面，而塌方场景，却让我知道了，要维护好白云山的美丽面貌，真的太不容易了！”我和老朱一直都有这样一种看法——爬白云山，看白云山

花草树木，不仅是锻炼身体，加深亲情的沟通，增长植物知识，同时也还可以是人生视野与品格的一种历练。而我们家的小朱能够发出这样感慨，就很好地印证了我们的看法。

使君子，不仅花儿轻盈优雅，芳香醉人，而且还是我国的一味传统中药。使君子花开后，会结出果子，这果子也有特色。卵形，并有明显的五条锐棱角，成熟时外果皮脆薄，呈青黑色或栗色，打开果皮后，会看到有一颗圆柱状纺锤形的白色种子。以这果实入药，既能杀虫，又益脾胃，为著名的儿科良药。民间有诗云："使君如梭具五棱，紫黑体轻质坚硬，内一种子呈纺锤，杀虫消积驱蛔灵。"

有趣的是，有关使君子这个名字的由来，也与给孩子治病相关。

相传，三国时刘备的儿子得了一种怪病，面色萎黄，肚子胀得像面鼓，还经常哭着闹着要吃黄土、生米一类的东西。有一天，刘禅要去野外玩耍，刘备便派两名士兵陪他出去玩。谁知，刘禅回家后突然又吐又泻，两手捧着肚子直喊疼。刘备忙问刘禅在外边吃了什么，其中一个士兵战战兢兢地说："小公子看见一种野果，哭喊着要采摘……"刘备一听，认为刘禅是吃野果中毒，叫两士兵去找医生。两士兵出门后不多时，刘禅拉下了许多蛔虫和蛋花样东西后，便不哭不闹，还嚷着说肚子饿。喝了半碗稀粥，刘禅又拉了些蛔虫。等医生赶到时，刘禅早就安安静静地睡熟了。此后刘禅的肚子慢慢软了，也不再吃黄土、生米之类的东西了。

刘备猜想是野果子治好了儿子的病。于是，便命那两个士兵带人去采集这种野果，采后把它晾干，碾成粉末，传于民间，医治像刘禅一样的病者，果真很有效。于是百姓便抬着猪羊，敲锣打鼓来到刘备军中致谢。刘备拿出状似橄榄、有棱有角的野果，问百姓叫什么名字，百姓却摇头不知。这时一书生大声说："既然这野果不知其名，而最先品尝此果的人是刘使君的公子。就不妨称它'使君子'吧！"众人一听，击掌称好！从此，使君子便传遍了民间。

至今，还有一种有关使君子的习俗：每逢七夕，闽南和台湾几乎家家户户都要购买中药使君子。七夕这天晚餐就用使君子煮鸡蛋、瘦猪肉、螃蟹等食用，因为使君子可以补肾健脾，对治疗小儿痞块腹大，面黄肌瘦而成的疳疾也有效。因此，闽南和台湾七夕吃使君子的风俗一直沿袭至今。

这也怪不得，亦药亦花的使君子，其花语就是四个字——身体健康。当然，对于使君子的药用价值，普罗大众也许不太了解，甚至还可能很陌生。但对于使君子的花，却应该是再熟悉不过了——白云山上的使君子花，一般从五六月开始，能一口气开到十一二月。俗话说，看花，心态不老，身体健康。而一年之中，在白云山上就有长达半年的光景可以与使君子花相遇，这对于一个喜欢爬白云山的人来说，那真是看得心情愉悦，身体康健啦。

狗牙花：

牙印雪裙气质佳

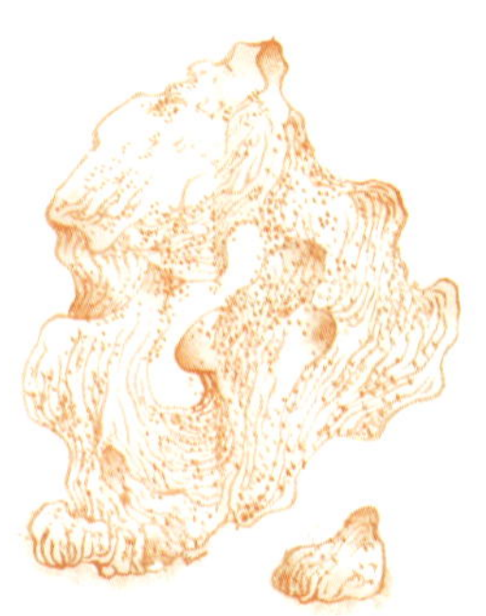

狗牙花，一个土得掉渣的花名。

第一次听到狗牙花这名字，是在白云山可憩草坪对面的林园茶座。当时我们正坐在林园茶座小憩，点了豆腐花、玉米等填肚子。就这么坐着的时候，闻到一股淡淡的清香，顺着香气看过去，就见到林园茶座周边低矮的灌木丛里零零星星地盛开着白色的花朵。我和小朱还没来得及细看花儿，老朱就说：这是狗牙花。

一听到狗牙花的名字，我不禁失笑，一边笑，一边联想起以前我们乡下的人给男孩子起的名字，不少人都喜欢起个诸如狗娃、狗剩、狗蛋之类的贱名，为的是孩子少生病好养活；当然也会想到那道与狗相关的土不拉几的阳江美食——狗俐仔。

狗脷仔，是阳江一种农家乡村小糕点，其主要原料是中草药簕菜，其他材料还有鸡屎（矢）藤、茭白、两面针、针仔簕（东风橘）、糯米、白糖，既可以拿来当端午时节的主打糕点，还可以拿来当调理身体的药膳。这种糕点之所以被叫做“狗俐仔”，一是因为形状像狗的舌头（阳江话把所有动物的舌头都叫脷）；二是因为它的功能也像狗脷一样，去肝火，散热。

如果说，狗腩仔、狗娃、狗剩、狗蛋之类的名字，寄托了一种素朴的生活理念，那么，狗牙花呢，为什么会起个如此土不拉几的花名？

小朱没我这种农村生活的经历，但狗腩仔却吃过。小朱也很好奇地问：“爸爸，为什么这种白花花的花儿，会叫狗牙花这么奇怪的名字呢？”老朱说——那是因为这种花朵灿开后，其花瓣的边缘有一圈皱褶，这一圈皱褶就如狗咬过留下的一圈牙齿印，因而被称作狗牙花；还有一种说法，狗牙花名字的来源，是由于狗牙花的叶子入药可治癫狗咬伤。

我和小朱一听，赶紧跑到花前去找牙齿印。嘿！白花花的花瓣上，果真有一圈花边。小朱叫道：“爸爸，这花边，还真像狗咬过的一圈牙齿印呢。”但，以我的眼光看来，我倒觉得那花边更像少女身上穿的漂亮白裙子的皱褶裙边呢，叫裙边花，多好听呀！况且，这狗牙花晶莹洁白，清清纯纯的，还有股淡淡的撩人香气，也真的挺少女的哩。这么清纯的花儿，却配了个如此土得掉渣的名字，简直就唐突佳人嘛。

老朱乐了：“裙边花，太文艺了，也没个性，好多花儿都有褶皱，都像裙边呀。但狗牙花就不同了，这花名绝对独一无二。”小朱也插话说：“土，不要紧，就怕土得没个性。狗牙花这名，土得掉渣，就是一种与众不同的气质，我一下子就记住了它。”小朱已经读小学高年级了，正快马加鞭地进入“我的地盘我做主”的青春期，这一番解释，也很契合小朱自己张扬的青春个性吧！

老朱和小朱说得没错，虽然狗牙花名字不雅，但却是独一无二，而这花边如狗牙印，也绝对与众不同。认清了花边狗牙印这个重要特征，就算看到树形极其相像的栀子花，也不会认错啦。因为花边狗牙印这个特质，我就比较喜欢单瓣的狗牙花。这是因为重瓣的狗牙花，花瓣多，而且花瓣卷曲的弧度和角度不一，花边狗牙印看起来也不太明显，而且卷曲的花瓣还把花中心的那一点鹅黄遮住了，花朵少了点灵动的点缀。而单瓣的狗牙花，花瓣儿都是平展开来，一瓣一瓣叠得整齐，花边狗牙印非常深，又因为花朵是平展的，所以，中心的那一点鹅黄，张开得非常明显。有了这一点鹅黄的点缀，整朵花，也显得灵秀多了。

狗牙花的花朵晶莹灵秀，其花蕾也清新俊逸，非常值得一看：绿绿的花梗长长地伸出，花梗上长着绿得青翠欲滴的花苞，而这绿，不是平铺直叙的绿，而是像花纹一样，温婉地卷着花苞，花苞的苞口，吐出一个洁白无瑕的宝塔形花蕊，可爱得很，还真想张嘴咬上一口。

提醒一下，想想就好了，千万别行动哟，因为这狗牙花是有毒的。不过，狗牙花虽然有毒，但它全株含吲哚生物碱，种子中含有冠狗牙花定碱等多种生物碱，因此具有清热降压，解毒消肿功效，可以用来主治高血压病、咽喉肿痛、痈疽疮毒、跌打损伤。

或许因为我们初次在白云山看见狗牙花，是在林园茶座。所以，虽然后来我们在白云山的桃花涧、蒲谷、松风轩草坪、云台花园等处都看到了很多狗牙花，尤其是云台花园，更是成片地开放着很多狗牙花，但是每当狗牙花开的夏秋时节，尤其是秋天开得正旺的时候，我们还是喜欢选择在林园茶座小坐，去看看这名字土得掉渣的狗牙花。

由于狗牙花长得洁白如雪，因此还有一个别名“豆腐花”。我们坐在林园茶座，每人分别点上一碗豆腐花。尔后，一边吃甜甜的豆腐花，一边看灌木丛中洁白如雪的“豆腐花”，那情那景，真真有趣得紧。

身段婀娜白娘子

一直只看到半开半闭的蛇瓜花。但，虽然只是半开半闭，也已经足以让我们惊奇啦。

白云山仅有一个地方可以看到蛇瓜花，那便是农艺创意园。一进创意园门口，就可看到正对门口的一架蜿蜒棚架，上面爬满了绿绿的蛇瓜藤蔓。每到夏末及秋季，便可看到绿绿的藤蔓里长出蛇瓜花，还有蛇瓜。

蛇瓜花的花蕾，长在手指长的绿色花秆上，初时是青绿色，将开时会变成浅黄绿色。花开后的长相很特别，花中心有一圈蓝绿色，这绿很明亮，就像能滴出水来的样子。从这一圈蓝绿色伸展开来四瓣白莹莹的小花瓣。最奇特的是，四瓣小花瓣顶端都各自长有很多纤细的白色丝线，一条条互相缠绕着，遮遮掩掩，半开半闭，有点像时尚女人身上穿的渔网装似的，半透，半露，好性感。我猜想，全身白莹莹，又性感得半透半露，名字还有蛇的蛇瓜花，不就真有点像白娘子白素贞了吗？这么一猜，还真猜对了，蛇瓜花真是又称白娘子。

但我们一直觉得有些奇怪的是，为什么在白云山农艺创意园看到的蛇瓜花，都总是半开半闭的模样？后来，我们还在网上查到了蛇瓜花完全灿开的模样，那真是长得很奇葩——四瓣张开的白色花瓣上伸出的纤细白色丝条，卷成圈、卷成团，感觉四瓣花瓣，像是被成圈成团的丝条托起来飘浮在空中，很有一种仙气。原来，那白色丝条，就是蛇瓜花的花蕊。花蕊不长在花中间，而是长在花瓣上，真的好稀奇哟。

百香果花

也许是我们看到蛇瓜花的时间不对。后来，在蛇瓜花开花的时节，我们分别在上午、中午、下午的时间段去看蛇瓜花，但依然还只是看到其半开半闭的样子。这让我们有点泄气。老朱说，估计这蛇瓜花，也像昙花一样，晚上才灿开的吧。

老朱的猜测很快得到了印证。我们在台湾作家、自然观察解说员刘克襄所著的《岭南本草新录•蛇瓜》中有一小段关于蛇瓜花的描述："那一回，初见面的农场主人素爱讲求自然美学，不断地跟我推介蛇瓜的花朵造型。它的花色泽淡白十分寻常，但花瓣边缘细裂如发丝散射，瑰丽如热带雨林的奇葩。只是想要看到蛇瓜花盛开，非得半夜起来，才有机会目睹这种小花舒展的全貌。若是清晨才起床，恐怕都萎谢了。"

读了刘克襄的这段文字后，我们仨曾经兴奋地说，等到蛇瓜花开花的时候，要选个晚上去看看蛇瓜花灿开的样子。但说归说，农艺创意园是在 2012 年 5 月 25 日正式开园迎客的，当时小朱已经上高中，正进入紧张的学习阶段，所以，

晚上看蛇瓜花这事儿根本没成行，因而也一直没有拍摄到蛇瓜花完全灿开的模样。

看蛇瓜花注定要留下一些遗憾了。不过，好在，奇葩的蛇瓜，我们一直都没错过。

这蛇瓜的长相，真的非常像蛇，瓜身是弯曲的长圆柱形，瓜头及尾部渐细瘦，瓜体有的弓身，有的弯曲，有的卷尾，酷似一条条长蛇挂满在棚架下。瓜皮幼时绿色，像条小青蛇；慢慢长大一些，成灰白色，瓜体表面有白绿色相间的纵条纹，似白花蛇一样。呵呵，这不就像《白蛇传》里的白蛇精白素贞与青蛇精小青嘛！成熟后的蛇瓜，青绿红三色相间，颜色斑驳似红花蛇。这不就好比喝了雄黄酒的白素贞与小青，红晕泛出，变回了货真价实的蛇精，吓坏了许仙。

不过，我们家的老朱和小朱，并没有被吓着，反而我自个儿被吓着了。说来，我对铁骨铮铮、长骨头长刺的动物没那么怕，但对像蛇之类的软体动物是最害怕的。所以，见到蛇瓜，虽然有白素贞与小青这种美好的想象，虽然蛇瓜也并非是真的蛇，但看着那长得与真蛇毫无二致的蛇瓜，不仅喜欢不上来，而且我还觉得有点头皮发麻，所以，就不想走进蛇瓜藤架下了。但老朱和小朱，却兴致勃勃地穿行在蛇瓜林里，并且还讨论起蛇瓜好不好吃、怎么吃的问题来了。

关于吃蛇瓜，刘克襄在《蛇瓜》中也有写道："生食时，口感清甜，不像丝瓜的软烂，质地和气息都接近黄瓜的口感。但蛇瓜外表丑陋如蛇皮，不识者往往偏好削皮食用。其实连皮吃，更能咀嚼其清脆感。"后来还听朋友说过有那么一道用蛇瓜做的菜"断桥相会"——把嫩蛇瓜斩去头和尾，将瓜身切成半个巴掌长的横段，用筷子捅出籽瓤，填进肉末和葱姜末合成的馅，拿到炉子上去蒸煮。蒸熟后，放碟端上桌时，瓜段整齐排列，上面还插着一只牙签作柄的袖珍红纸伞。

也就是一道普通的酿蛇瓜罢了，但叫个"断桥相会"，这道蛇瓜菜就文艺了很多。其实呀，白蛇与许仙就是在西湖断桥相识，尔后同舟归城、借伞定情，后来又在断桥邂逅、言归于好。

不过，我们一直没看到菜市场有蛇瓜卖，就算有卖，看着害怕的我也不敢买。因为我实在对蛇瓜的模样不感冒。老朱和小朱说，要是有卖，我们去买，做好再给你品尝，应该不怕了吧。说了很久，也一直没实现，因为我们一直就只在白云山的农艺创意园看过蛇瓜呢。

农艺创意园的蛇瓜，依然一到秋天就开始挂棚架上了，只是，后来挂得有点稀稀拉拉的，不像 2012 年时那么多那么密集了。因为种蛇瓜的棚架下，已经种上了不少膨皮豆。膨皮豆的果实如弯刀，小巧的花儿紫白色，虽然花儿果儿都好看，但是这种好看太常见，到底不如花蕊长在花瓣上的蛇瓜花稀奇，也不如瓜儿长得像蛇一样的蛇瓜奇葩，因而欣赏的兴致也减低了几分。我们一直也弄不明白，农艺创意园，为什么会选择普通的膨皮豆，去取代奇葩的蛇瓜？

2016 年春天开始，农艺园的棚架下不仅种有膨皮豆，还开始种上了百香果。等到秋天，百香果边开花边结果了。爱吃水果的小伙伴们，对百香果一定都很熟悉，果未熟时，绿绿圆圆，挺大个的，成熟后则变成了紫黑色，挖出果肉，

膨皮豆花

拌点蜂蜜，倒上温水，就成了一道香甜微酸的茶饮。而百香果花呢，也是圆圆的一大朵，白紫相间的花蕊，梦幻般绽放。对了，日本人还称百香果花为“时钟草”，他们认为那花瓣像钟盘，雌蕊和雄蕊像指针，整朵花看起来像个袖珍可爱的小时钟。而在西洋的花语中，百香果花还含有“基督受难”之意，雄蕊看起来像钉在十字架上的基督，副花冠也像耶稣基督头上的光环，而十片花瓣就像跟随基督的十位使徒，因此在西洋的花语中，百香果花代表着“宗教热情”和“神圣的爱”。

第一次看到百香果花，我们都惊呆了——天呀，竟然这么美！把梦幻般绽放的花容，发上朋友圈，满屏都是“天呀天呀”的惊奇与赞叹。不过，稍微遗憾的是，百香果的花，开得比较少，而且基本上都开在棚架顶上的叶丛里。如果想要看清花容，眼力得好，还必须要细心寻找；如果想拍好花容，那就得借农艺园的梯子，爬上梯子后，还得再细细拨开叶子，才能真正捕捉到百香果花那梦幻般的美丽花容。怪折腾的！

老朱和小朱说，还是喜欢从前蛇瓜如林的盛景，奇葩得有特色，又可以随意在林下穿梭，触摸长长的蛇瓜。如今，虽然，蛇瓜如林的盛景远去了，但当初（2012年10月）老朱和小朱穿行在蛇瓜如林的快活身影，却被我拍摄了下来。从照片上回忆，也算是我们赏花寻花人生中的另一种美好记录。

翠芦莉：

柔媚娇俏梦幻紫

老朱是我们家的大花迷，认识的花最多。在白云山上，每当看到有什么不认识的新奇花，我和小朱都习惯性地询问老朱，老朱每每都会解说得一清二楚。我和小朱都称赞老朱是我们家一部名副其实的“活花典”，并因此养成了一个坚定不移的习惯——有不懂的花，就去问“活花典”老朱，一认一个准。

但，粤语有句俚语——老猫烧须。这是形容有经验的人，有时也会出错。而我们家的“活花典”老朱，虽然认花经验丰富，但也曾有过“老猫烧须”的时候，直让我和小朱嬉笑不停。

最早是在能仁寺放生池左侧，看到有一小片低矮的植物，开着好些蓝紫色的花儿。看到这花儿的那天，刚下过小雨，一朵朵蓝紫色的花瓣上全是大大小小的水珠，更显得清雅柔美。再细看这花，花冠漏斗状，花瓣裂成五瓣，每一瓣上都有很多放射状的条纹，风一吹，大大小小的水珠儿乱转，花瓣上的放射状条纹如细波浪状起伏。蓝紫色本来就极具梦幻色彩，再加上如细波浪状起伏的条纹，以及晶亮亮滚动的水珠儿，真是很浪漫很唯美的一抹抹梦幻紫。

这么唯美浪漫的花儿，到底有着怎样一个美名？我和小朱都是第一次看到这花，自然就急忙忙地找老朱询问了。老朱很淡定地说："这是小驳骨。"小驳骨？这名字很乡土呀，好像药材的名字。"这感觉很对呀，小驳骨的确就是药材呀。小驳骨，又名接骨木、接骨筒，是一种可以治疗多种疾病的草药，而又因它续筋接骨之力特强，故有'小驳骨丹'之称。"

听老朱说得头头是道，我和小朱当然更是深信不疑，认定这就是小驳骨花了。以前，只要认识一种新奇的花，我们都喜欢上网查找一下，但自从老朱成为我们家的"活花典"后，我们都对老朱有关花的看法一直深信不疑，当然也就不必再多此一举上网查找了。

后来，我们又在桃花涧侧门附近、月溪书院内、蜜蜂世界至回归林之间的"粤韵画舫"，都分别看到有小片的开着很多蓝紫色花的"小驳骨"。再后来，从西门进去的草坪路段及山湾周边又看到有不少小驳骨。但很奇怪的是，西门草坪路段及山湾的小驳骨却没开花，而其他地方看到的"小驳骨"花却开得很茂盛。当时正逢秋天，为什么同样是小驳骨，有的花开得很灿烂，有的却一朵花也不开呢？老朱也给弄得一头雾水，而我和小朱呢，当然就更是一塌糊涂啦。

就在这么一头雾水、一塌糊涂的时候，我们逛到了云台花园生态谷景区的木栈道旁，见着了大片大片的"小驳骨"，确切地说，叫花田更合适，花开得绵绵延延的。这么大片的花田，我们也还是第一次见呢。说来，小朱读小学前，我们家还常去云台花园，但自从小朱读小学后，我们家去云台花园就比较少了，多数时候是走白云山的山路。所以，这一次看到云台花园种植有这么大片的小驳骨花田，实在是很惊奇、很兴奋。

就在惊奇和兴奋之时，花名却给了我们当头一棒。当时，很多孩子在花丛嬉戏，花田中不时响起噼噼啪啪的声音，那是拍照的声音，或许也是花开的声音。伴随着这些噼噼啪啪的声音，还不时地飘飞出一个"翠芦莉"的花名。难道这花不是小驳骨，而是翠芦莉？带着一脸疑问，问了好几个在花丛中举着长枪短炮拍照的摄影者，回答都很一致——翠芦莉。

原来是叫翠芦莉呀！老朱看走眼啦。老朱摸摸脑袋，笑呵呵地说，这就叫“老虎也有打盹的时候，老猫也有烧须的时候”。不过，我和小朱都觉得，翠芦莉这个俏丽的花名，与眼前看到的蓝紫色花海，浪漫得很登对，比小驳骨这乡土名字有味道多了。当时，我们仨走进翠芦莉花田，还在绵延花海里看见了好些粉紫色的翠芦莉，或许是因为颜色淡，花瓣上的放射状条纹显得更为清晰，反而看起来更娇俏可人。

云台花园生态谷景区木栈道旁的这个绵延的翠芦莉花田，到底种植有多少株翠芦莉？后来查白云山网页，才知道有二万多株翠芦莉，这也是白云山风景区中首次成片种植的翠芦莉花田。二万多株翠芦莉呀，这花田真是够壮观的！

大花迷老朱，自从被翠芦莉“烧”了一回须，后来，一上白云山，就很仔细地观察起翠芦莉与小驳骨。其实，不仔细看，还真是觉得翠芦莉与小驳骨长

得挺相似的，个头都差不多，像小孩子般高；叶子差不多，都是细长型的。但是，如果细观之，却能发现两者的叶子有很细微的差别：小驳骨的叶子，浓绿色，比较光滑，没有锯齿；翠芦莉的叶子，比小驳骨更细更长，暗绿色，有锯齿。此外，老朱还发现翠芦莉偏向草本生长，茎秆一节节，如竹竿一样美观；而小驳骨，却能长出多枝，更像灌木丛。按此分析，从西门进去的草坪路段及山湾周边的是真正的小驳骨，在其他地方我们误以为是小驳骨的，其实都是翠芦莉。

当然，花才是我们关心的重点。我和小朱只知道两种花的花形有区别，翠芦莉是漏斗形花，小驳骨是唇形花。老朱看了植物书，告诉我们，颜色也有区别，翠芦莉以蓝紫色为主，有少量的粉红色，而小驳骨花白色，还带淡紫色斑点。开花时间也有区别，翠芦莉的花期很长，春夏秋冬都在开，小驳骨的花期是春夏。而当时我们是在秋天看到花开的，秋天不是小驳骨的花期，也难怪从西门进去的草坪路段及山湾周边的小驳骨不开花了。老朱还告诉我们说，翠芦莉的寿命很短，清晨绽放，黄昏凋谢，如果当天气温较高，午后花朵就开始凋

小驳骨花

谢。所以想要观赏最美的翠芦莉，上午日出之后正是赏花的最佳时间。老朱这一番详解，让我和小朱不停地竖起大拇指，夸赞老朱不愧是我们家最好学的“活花典”。

后来，一看到翠芦莉，我和小朱忍不住就笑呵呵地打趣一下：“大花迷，看，你的小驳骨。”老朱也禁不住笑个不停。想不到吧，老朱这只老猫被“烧”了一回须，却给看花寻花的我们一家，增添了一种好玩的情致。

金凤花：

裙袂飘飘凤凰飞

与金凤花的相识，有一番好玩的故事。

8月，我们一家到海南旅行。从屯昌到儋州再到五指山，在城市的街道上都能看到连绵的灌木丛。花枝娇小玲珑，显得有些柔弱，但花却挂满树枝，开得灿灿烂烂。这么漂亮的花，还是第一次见呢。花儿有金黄色和橙红色两种，花形长得奇巧：花瓣都是五瓣，其中四瓣张得比较开，有点像小钥匙的模样，边缘呈波浪状；还有一瓣则是直立着的，还卷成了一个小喇叭状。最出彩的是，花蕊长长地伸展出花冠，大概有花瓣的三四倍长，于是看起来不算大的整朵花，因为有了长长的花蕊，顿时觉得花型变大了，而且因为花蕊长，花朵摇曳时，生出了一种婀娜美态。这就好比那些出席舞宴的公主，穿着一袭拖地的长裙，旋舞的时候，裙袂飘飘，既婀娜，又妩媚。

尤其是那种橙红色花，比金黄色花，妩媚得更胜一筹。金黄色花，一袭金黄，颜色很纯，摇曳起来，散发着道道金光，这一种纯净的妩媚，像是小萝莉的风范。而橙红色花，长长的花蕊是红色的，红色花瓣上，还镶嵌着黄色的斑点，摇曳起来，红黄橙三色，斑斓多姿，占尽风流，浑身散发着轻熟女妩媚诱人的光彩。

老朱和小朱都笑了，怎么一看到美丽的花儿，就老是往公主身上想去呀？我也忍不住笑了，好像真是那么回事哩。小朱说，那长长的花蕊，更像是孔雀、凤凰之类的尾巴.老朱观察得更细一些，这花的花瓣形状像小钥匙，凤凰木的花瓣也像钥匙，不过大很多，从花瓣上看，这花还真有点像是凤凰木花的缩小版呢。这么一说，我们心里打了个激灵，莫非这花名真与“凤”字有关？

于是，赶紧问陪我们一起游玩的海南当地朋友，结果他们都摇头说不知道。喜欢花花草草的我们，很是遗憾。

为了弄清楚这漂亮花儿的名字，到了儋州，我们就直奔海南热带植物园。海南热带植物园位于儋州市那大镇宝岛新村，1958 年建立，是中国热带农业科学研究院和前华南热带农业大学的植物标本园。据说，植物园内有引自四十多个国家的共一千多种珍稀热带植物，是中国热带植物资源的宝库，也是世界热带作物资源的缩影。

在这样一个有着深厚历史渊源的海南热带植物园里，我们果真看到了很多新奇的植物和花朵，当然，最让我们惊喜的是，看到了上面所说的橙红色和金黄色花成片地生长。但遗憾的是，却没有挂牌。想找个园林工人问问，也没见人影。

在海南热带植物园都没弄清楚这种海南遍地生长的花，看来也许要带着遗憾回广州了。这么一想，喜欢花花草草的我们，实在心有不甘。也就在这时候，我们见着了郑蔚杰师兄，让我们惊喜的是，他也喜欢看花看草。于是，我们赶紧把拍下的橙红色花和金黄色花给郑师兄看。师兄说，他也经常看到这种花，但也没弄清楚叫什么名字，但他有个懂花的专家朋友，应该知道。于是，郑师兄立马把我们拍下的图片发给专家朋友。很快，专家朋友回信说，叫金凤花。果真有个“凤”字呀，哇！我们还猜对了呢，真是太开心啦。郑师兄说，他也好开心，因为这在海南遍地都是的花，终于在今天弄明白叫什么名字啦。

从海南回广州后，我们一直想弄清楚白云山有没有金凤花。广州和海南气候差不多，如果有金凤花，也应该是正当开花的时候。但我们爬白云山多年，从没在山上看到有金凤花。山上没有，那就到山下的云台花园和云溪生态园找去。

云台花园和云溪生态园这两个地方，在小朱读小学前，我们经常去，但自从小朱读小学开始，我们就习惯跑白云山上去了，因为小朱喜欢走白云山上弯弯曲曲的泥土路，特别有野趣。而云台花园和云溪生态园是平地，地方相对小，走起来没那么过瘾，因而我们一年也就只有三两次会去这两个地方，当然对这两个地方的花，就不如山上那样能如数家珍了。

先到了云台花园，没看见金凤花。又直奔云溪生态园，终于在大红花园的对面，看到一大片金凤花，当时金凤花正盛开得如火如荼，有橙红色的，也有金黄色的，仿佛一只只有着长长尾巴的美丽凤凰飞上了枝头。风一吹，上下飞

舞，美不胜收。很惊喜的是，还看到了金凤花的荚果，扁平，坚硬，呈刀剑状。呵呵，我又乐了，金凤花的花儿，是公主是美女；金凤花的荚果，是刀剑是英雄；美女配英雄，这是多么美妙的一对儿呀！

一对儿？也不是瞎说的，还真有那么回事呢。那个与金凤花配成对儿的是檀香。老朱说，这是生态学上一个特殊的现象：檀香是著名的香料，被誉为“绿色黄金”，虽然名贵，但檀香树却是一种半寄生植物，其根系不能直接从土壤中吸收养分，只能吸附在洋金凤等豆科植物的根系上，吸收它们提供的养料才能生长，故被人们戏称为“伴侣树”或“夫妻树”。

金凤花漂亮，檀香挺拔，两者互为依存，倒也真是很养眼的一对哩。老朱戏谑说：我们也是这么幸福的一对呀，每周上白云山，一路相伴，看花看草，心花怒放！这话说得一点不假！

金脉爵床：

楚楚可怜金色画

喜欢金脉爵床，是从它的叶子开始的。

记得那是初夏，走过虎头岩后，就快到山湾茶座了，我们准备在那歇歇脚，吃个午饭再走。当时，我们是从品云座（后改名为望景茶座）门口对面小池旁的那条小路走向山湾茶座的，刚走了没几步，就看到了一丛长得像老朱那么高的植物，细细的茎干是醒目的红色，一张张深绿色的叶子像巴掌般大小，叶面很奇特，中间是一条相对较粗的橙黄色纵向脉纹，两边是一条条橙黄色的羽状横向脉纹，清晰醒目，就如同人为刻画而成似的，给人感觉很像一张美丽的版画。可以说，正是因为嫩绿色的底色配上橙黄色的脉纹，整棵植物才显得鲜明清丽，生动异常。

小朱的想法天真多了，叽叽喳喳地叫开了："像染了彩色的斑马纹哩！动物园的斑马都长着很深的纹，就像画上去似的，斑马纹是白色的，这叶儿是橙黄色的，都好好看呐！爸爸，这是什么植物呀？"

老朱是我们家的第一大花迷，所以一碰到不认得的花，小朱自然就会张口先问爸爸。当然啦，第一大花迷老朱也极少让小朱失望的，张口就回答："是金脉爵床"。

金脉爵床？这名字好奇怪哟！小朱叫起来，我也叫了起来。老朱说："据说是因为它叶面有着鲜艳的黄色叶脉，所以这植物才被叫作金脉爵床的，也是一种很好看的观叶植物呢。"经老朱这么一说，倒是觉得金脉爵床这名字，起得很直接，也很生动。

这是我们第一次在白云山看到金脉爵床，于是，禁不住站在那里把长满橙黄色文脉的叶子欣赏了好一阵子。后来，坐在山湾茶座等菜上桌时，小朱和老朱又跑去观察了一阵金脉爵床，尔后小朱一蹦一跳回来告诉我说："妈妈，我和爸爸数过啦，叶面上橙黄色的羽状横向脉纹，大概有十四五条呢。有这么多条纹长在一张巴掌大的叶面上，怪不得金脉爵床的叶子美得那么奇特哟，好像黄金塔一样哩。"我说，叶子都那么好看了，不知道花开的时候，金脉爵床会漂亮成什么样子呢？真的好令人期待哟。

在期待金脉爵床开花的日子，我们又在蒲谷和云溪生态园的叠水园旁，看到了大片的金脉爵床。那时候，我们特别喜欢下雨天，因为在雨天，看金脉爵床的叶子，更有一番乐趣：有着清晰醒目的橙黄色脉纹的金脉爵床叶面，柔嫩干净得像沐浴后的少女，再缀上几滴晶莹透亮的水珠儿，这时候眯着眼睛，透过水珠儿看叶子，如果正好碰上微风吹过，就感觉好像一条条橙黄色的叶脉在晃动，有点像海上的波浪似的，更有了一番灵动的气韵。可以说，比起白云山的其他植物，金脉爵床完全就像银叶金合欢一样，在不开花的日子，就已经以独特的叶子，早早地俘获了我们的眼球。

仲夏开始，看到金脉爵床的花蕾了。花蕾是一束束高高伸出来的，每个花蕾都是金黄色，有点短有点胖，我笑说，形似小朱那胖乎乎的可爱小手指哩。

很快，金脉爵床开出花来了。花是艳丽的簇簇金黄色，与橙黄色的叶脉相呼应。花形很奇特，也很罕见：每朵花都是管状的，细细长长，簇生于花茎上，每簇都有上十朵，整个花簇被一对红色的苞片包围，活像一串倒挂的鞭炮。我和老朱生长在偏远的山城，对鞭炮熟悉得不得了。但小朱出生在广州，玩鞭炮不多，印象模糊，小朱觉得更像是一排列队朝天吹奏的小喇叭。

伸出花管的花丝，也极其有个性，就好像长了两只小眼睛和触须似的。每当下雨天，一长串列队朝天吹奏的瘦长的小喇叭，全身上下挂满了水珠儿，尤其是伸出长长花管外的两只小眼睛和触须，其挂着的雨珠儿，让整簇花儿显得

楚楚动人，更添一份可爱，一份可怜。难怪金脉爵床的花语是——楚楚可怜！真是太生动形象啦。

我和小朱觉得，金脉爵床的叶子已经很漂亮了，再加上开的花又那么漂亮，真是美得不知该用什么词形容才好。老朱却张口就说——美上加美，那就是“锦上添花”呗。

尔后，一整个秋天，金脉爵床的花都连绵不断地开得金黄一片。我们仨呢，一整个秋天，都在白云山品味着金脉爵床的“锦上添花”。我们的心情，不用说，当然也是——锦上添花啦！

海南红豆：

红艳欲滴付闲愁

“红豆生南国，春来发几枝。愿君多采撷，此物最相思。”这是一首广为国人知晓的诗，诗名《红豆》，为唐代诗人王维所写。王维的《红豆》诗，成就了红豆的美名，而《红豆》诗也像红豆一样，挂在人类情爱的历史长河中，光润亮丽，经久不衰。

大体来说，对于王维《红豆》诗中提及的红豆，人们通常认为有海红豆、海南红豆、藤本红豆三种。三种红豆，各有各的气韵。那么到底哪一种才是王维所写的红豆呢?

藤本红豆，豆子椭圆，质硬，半截红半截黑，黑色里还有小小的白点，状似相思泪滴，又像极了美丽女子哭红的眼睛。它还有个挺形象的名字，叫“相思子”。

海南红豆，种子椭圆形，个头最大，全身鲜红色，水分多，不易保存，时间一久，会变色，腐烂。

海红豆，豆子个头最小，但质坚如钻、色艳如血、形似跳动的心脏，红而发亮。其外形及纹路，皆为“心”字形，更为奇妙的是红豆的红色由边缘向内部逐步加深，最里面特别艳红的部分又呈心形，仿佛一心套一心，心心相印！而且，豆子经久不腐、不烂、不破、不碎，色泽也永不褪色，因此被称为“天长地久、坚贞不变”。

这么一介绍，相信大家都明白哪种红豆才被当成情爱的信物了吧?没错，当然就是通体鲜红、呈心形的海红豆啦。对了，海红豆别称“相思豆”。大凡相思，当然是挺折磨人的。老朱说，海红豆的豆子，还有毒呢，尤其是豆皮破损后与皮肤接触有可能导致接触性皮炎。好在豆子质坚如钻，通常不会破损。不过，海红豆有毒的这一特性，不就恰如相思之情，甜蜜中透着苦涩，既叫人魂牵梦萦，也令人肝肠寸断。

我们在白云山上，只见过海红豆和海南红豆这两种，却从来没看见过藤本红豆。海红豆有五棵，其中两棵种植在山顶公园的白云晚望上面，另外三棵种植在明珠湖周边。这五棵树都很高大，枝繁叶茂，树冠如巨伞。依靠在这么大型的树下，遥望远方，再想想古书所记载的“一妇思念战死边关的丈夫而哭死于大树下化为红豆的故事”，便觉得此情此景，与相思的情景很合拍。

山顶公园的那两棵海红豆树，结的果子不多，我们只在那里捡过二三十颗红豆而已。而种植在明珠湖周边的三棵海红豆，却是每年秋冬都会落下不少红艳艳的心形小果子，这时候，我们仨一定会去明珠湖畔捡拾红红的相思果。老朱还有个很浪漫的想法：“等再捡拾多一些红豆，我以后上《文化植物赏鉴》公选课，就送给学生们一人两颗红豆，也挺有意思哩。”

结果，为了老朱的这个浪漫梦想，每当去白云山，我们家又有了个很重要的事情——不管是不是果子成熟的季节，都会记得去山顶公园和明珠湖畔的海红豆树下，找呀找呀找红豆。还真的运气不错哩，尤其是在明珠湖畔，翻开满地的枯叶，经常会看到藏有四五六颗鲜红的红豆。如今，老朱已捡到一小缸的海红豆，浪漫的梦想正一步步地朝前奔去。

至于海南红豆，在白云山就多了，从摩星岭到荡胸亭的沿途，种满了海南红豆。每年秋天一到，海南红豆就会开花。虽然，海南红豆的树也高，但比起树冠如巨伞的海红豆，个头还是矮小很多了。看海红豆的花，就算高高地抬起头，经常也只能看到一个模糊的影子，只好蜻蜓点水般一晃而过。而看海南红豆的花，只要抬起头，花儿就能清晰地闯进眼帘。所以，我们家一到海南红豆开花的季节，从摩星岭到荡胸亭的沿途，便一路笑声，一路仔细地寻花而去。往常走这段路，

大半个小时就能走完，但等到海南红豆开花的季节，却往往要走上两个小时。

海南红豆的花，很小巧，不过，小巧得很有味道。花蕾是土褐色，当花蕾爆开，刚刚吐出黄白色的花瓣时，紧紧包裹着的样子就像个小圆灯笼。有趣的是，因为海南红豆的花是圆锥花序顶生的，所以，一根枝条上往往至少吊挂有四五个小灯笼，风一吹，小灯笼晃来晃去，就好像一群孩子在荡秋千似的——枝条就是秋千绳，那土褐色的花萼就是一个个小秋千板，花朵们宛如一个个提着小灯笼的孩子，站在小秋千板上，随着长长的秋千绳晃呀晃的，笑声朗朗，笑容甜甜，很美的童年，很美的光阴。小朱说，妈妈真童真！

不久，一个个小灯笼慢慢灿开，裂开成两层：上层的花瓣，只有一瓣，完全张开，像把小扇子，大小就如古代仕女用来扑蝶玩耍的小扇子。小扇子上还有密密的浅绿色纵纹，而且，有时候这大小如小扇子的花瓣还会略微向后仰，犹如一个身段柔软的体操运动员，姿态着实灵动好看。下层的花瓣，比较复杂，两片大一点的花瓣下面又包裹着两片小一点的花瓣，四片大小不一的花瓣围成一个小圆圈，有四根花蕊从小圆圈的中心直直地伸出来。整朵花，有小扇子，有小圆圈，还会后仰，长得不仅有层次感，还有韵律感，我们看得满眼舒服。

我曾经把花朵发在微信上，很多朋友都说，“第一次看到这种花，长得好美、好奇特。”更多的朋友则是问：“我最想知道的是，那红豆在哪个疙瘩里藏着。”呵呵，看朋友们着急的，要看豆子还早着呢——海南红豆要到下一年三四月份才结果呢。

等到来年的3月开始，海南红豆树上挂起了豆荚，豆荚弯曲呈绿色，慢慢地，绿色变成黄色，豆荚成熟了，里面的豆子也该变红色了。可惜，树高，我们都触碰不到。又因为海南红豆的豆子水分多，鲜红的皮容易脱落，就算偶尔看到坠落地上的豆子，但那豆子的红皮往往已经有部分烂了，所以，我们都希望能有机会接到一颗往下坠落的豆荚，能一睹完好无缺的红豆真容。

经常地，一到海南红豆果子成熟的4月，我们一家爬白云山，走过摩星岭到荡胸亭的这段路，我们的眼睛就会紧盯海南红豆树，心里期盼黄色豆荚从高高的树枝上掉下来，然后双手能接住。小朱笑嘻嘻地打趣说——这不是像守株待兔吗？老朱答，还真像那么回事呢。

当然，经常地，我们在海南红豆树下站了很久，一个红豆荚也不曾落下。但持之以恒，终有好运的时候——在2012年4月2日，一棵红豆荚掉下来，老朱迅速地接住了。红豆荚已经裂开了很大口子，用手再轻轻拨开，只见里面的红豆，红艳欲滴。虽然这不是大诗人王维所写《红豆》诗里的红豆，但此时，看着这么红艳欲滴的海南红豆，想想我们天天期盼的眼神和心情，这也算是了却了我们的一桩相思情吧。

猫须草：

莹须柔长逗人爱

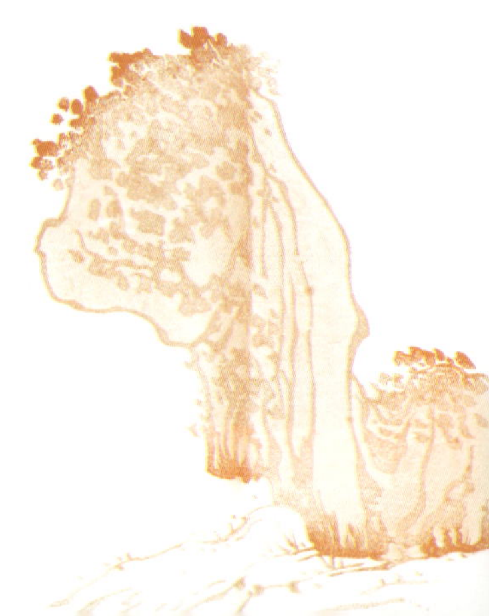

我们家一直非常喜欢白云山的农艺创意园，只要是从濂泉门上白云山，我们每次都会进农艺园溜达溜达，那感觉，就好像到一个熟悉的老朋友家，不进去看上几眼，都觉得不够情谊似的。

之所以那么喜欢农艺园，是因为园里面不仅有很多旧时的农具，诸如，水车、脱粒机、鸡笼、簸箕、水磨石等，还有很多农作物和瓜果蔬菜，比如，蛇瓜、丝瓜、苦瓜、蓖麻、小麦、韭菜、茄子、石榴、柚子、杨桃等。在城市长大的小朱，对农具与农作物几乎没有任何印象，而对瓜果蔬菜呢，也很多都不知道长成啥样子的。

关于农作物，小朱曾经讲过这样一个好笑的故事。在小朱读小学时，学校把学生拉到外面军训，到了军训地，一下车就看到绿油油的一片田地，校长问："你们知道田地里长得绿油油的是什么吗？"同学们很诚实，回答得非常爽快："不知道。"校长眨眨眼睛说："是韭菜。"同学们立马叫起来："哇！那么多韭菜呀，比我们平常吃的大棵多了，吃起来老不老呀？是不是晚上我们就可以吃到这些韭菜呀？"校长一个劲大笑："这可是水稻，再过一段时间长出稻穗后，就会结出我们用来做饭的稻谷来了。所以，同学们，要多到乡下走走看看，多认识农作物呀，要不，就真的是五谷不分啦。"

其实，对于家长而言，谁也不想让孩子"五谷不分"呀。但是，要想带孩子到乡下走走，对忙忙碌碌的大都市人来说，的确是一件不容易办到的事情。

而白云山就在广州市区内，其创办的农艺创意园，倒是给孩子们提供了一个很好的认识农作物的场所。所以，尽管白云山鸣春谷管理处的“农艺创意园”于2012年5月28日才正式开园迎客，当时小朱也已经是个高中生了，但是我们一家还是特喜欢去农艺创意园转转，一边看农具、看农作物，一边给小朱讲讲当年的农村生活。

当然啦，对我们家来说，最开心的，是农艺园里有很多花花朵朵，而且很多花朵都随季节轮换种植，所以，我们经常能在园里认识不少新奇的植物花朵，比如猫须草。

那是在2014年9月初，小朱即将到天津读大学，小朱和我们以爬白云山的方式，来告别自己的中学时代以及迎接大学的新征程。那天，还是从濂泉门上山，我们家都已经很习惯这样的上山路线，一则是我们坐车方便，二则是可以途经农艺园，到这个熟悉的老朋友家溜达溜达，看看老朋友家，又多了一些什么花花朵朵。

一进农艺创意园，视力极好的小朱，便“哇”地叫了起来：“那一串串的花儿，还是第一次见到呢！是什么花呀，好漂亮呢！”我和老朱紧跟着跑前去，一看，真真好美呀：花朵生长在褐红色有毛的花梗上，花色淡紫泛白，成整串穗状，花丝长长，伸出花冠之外。

再认真看看，未开出花的花苞是绿色的，一层层簇拥着，每一层都有六个花苞，形状还真有些似风轮。而花苞初开时，紫色的花蕊，一团团蜷缩在一起，待破苞而出时，整个花苞看起来有点像小海螺，花苞外层还有些小小的白绒毛，就如小海螺身上的皱褶似的，越发显得精致可爱。等到花苞整个撑开，花瓣是白色的，而那些紫色的一团团花蕊，就慢慢地伸出，变得白中泛紫，一丝丝，好长好长，就好像猫儿们脸上那长长的胡须似的。每个花苞都有五根长胡须，一轮就有五个花苞，胡须儿看起来密密麻麻的，就好像那些顽皮的猫儿们，呼啦一下在自己脸上画上了好多的胡须，越发可爱，逗人了。

这么可爱的花儿，到底有什么样的美名？我们三人赶紧蹲下来，在两小块菜畦里找来找去，可惜找了半天都找不到介绍植物的牌子。老朱说，赶紧拍个照发给范华纯看看。范华纯是我的师妹，也是一爱花人，经常也和我们交流一些花花草草的讯息。很快，华纯回信说："这花叫猫须草。"哈哈，花丝细长，酷似猫的胡须，这猫须草，名字果真很形象生动！

更奇特的是，猫须草还有另一个很奇特的名字"牙努秒"。说来，是因为猫须草不仅花色漂亮，猫须草的茎、叶均可以入药，还是西双版纳的傣族人两千余年来所喜用的一种药草。

西双版纳的傣族人，称猫须草为"牙努秒"，常种于房前屋后，作为家庭常备草药。每逢碰到家人患泌尿系统病或上呼吸道炎症，便随手采来新鲜的猫须草，用开水一冲就服用，既当茶喝，又可治病。而现代药学也发现，猫须草这一天然植物具有很好的利尿、消炎、排石、抑菌、促进体内毒性物代谢排出、滋养和保护肾功能的作用。在《中药大辞典》、《全国中草药汇编》、《中国药材学》等文献中均有记载。因为对肾病利尿作用明显，因而猫须草又有"肾茶"之名。

如今，马来西亚还把猫须草做成茶包，只要把茶包放入热水中泡一泡便可饮用。而在盛产猫须草的马来西亚马六甲地区，家家户户在日常生活中都喜欢用这种草泡茶喝，男女老少容颜焕发、身强体健、很少生病，且肾病患者更少，人均寿命也比其他地区要高出很多。

猫须草，花美，还能当草药，养眼、养身、养颜。哇！三美合一，实属难得！

栾树：

金雨洒落灯笼挂

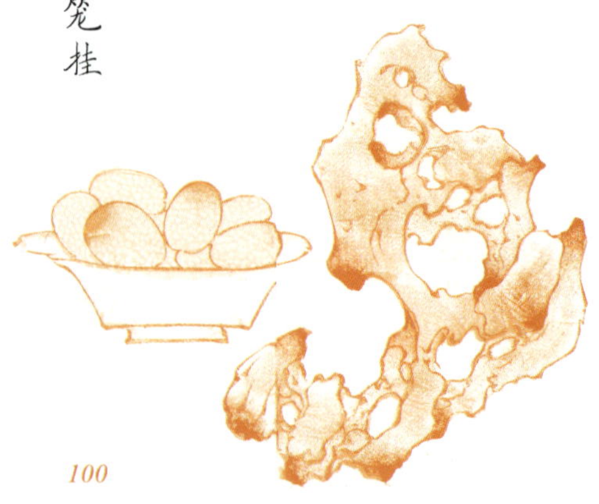

打从我们家饶有兴趣地在白云山寻花赏花开始，在大学教授古典文学的老朱，一直就非常渴望能看到栾树。老朱说，这栾树，也叫“大夫树”。东汉著名史学家班固的《白虎通德论》就有这样一说：“春秋《含文嘉》曰：天子坟高三仞，树以松；诸侯半之，树以柏；大夫八尺，树以栾；士四尺，树以槐；庶人无坟，树以杨柳。”意思是说从皇帝到普通老百姓的墓葬按周礼共分为五等，并且可分别栽种不同的树以彰显身份，其中皇陵栽松树，诸侯栽柏树，大夫栽栾树，士子栽槐树，庶民百姓栽杨树、柳树。因为有声望有地位的知识分子（士大夫）的坟头多栽栾树，因此此树又得“大夫树”之名。

老朱说，虽然自己没什么声望没什么地位，但好歹也算得上是个知识分子，所以，内心自然就非常希望能在白云山遇见栾树啦。而小朱年纪还小，我呢，平常忙于各种琐屑的采访，关注的几乎都是当代的生活情态，对古典文学有些敬而远之，当然也就没有老朱那种渴望遇见栾树的热烈情怀。不过，为了老朱的栾树情怀，每当快到国庆节前后的那段时间，我们仨的六只眼睛，总是全神贯注地紧盯着白云山的角角落落，看看有没什么开着黄色花的高大树木。

六只眼睛，紧盯多年了，还没见踪影。盯得我和小朱都泄气了，但老朱还是雄心勃勃，相信这么大一座白云山，绝不可能一棵栾树都没有。于是，每当国庆前后那两个月的每个周末，我们一起到白云山溜达时，老朱总是会不停地说上那么一句话：“要是能看到栾树，这个周末就美美了，我的期待也美美了。”

这话说得我和小朱的耳朵都长茧了。我笑哈哈地说："小朱唠叨银叶金合欢，老朱唠叨栾树，咱们家有两个'祥林嫂'啦！"

2014年9月的一个星期天，我们仨途经桃花涧侧门小卖部，就在那里稍作歇息，吃了碗豆腐花后，再慢悠悠地往明珠广场晃荡过去。偶尔明珠广场也会搞搞美食节，但今天没有美食节，整个广场显得空荡荡的。当我们走到挂着"明珠广场"牌子的斜对面马路时，老朱再一次唠叨起了栾树："今天要是能看到栾树，我这一天就美满啦。"我看见"明珠广场"牌子前种着不少树，树后边隐隐看到有房子，树旁边还有条小路。于是我说："明珠广场的上方，我们都没去看过，那就上去看看好啦。"而这么一看，真的就峰回路转啦——我们竟然看到了老朱魂牵梦绕的栾树。那栾树，很高大，就长在明珠楼管理处办公楼前的广场上。老朱"哇哇哇"地大叫起来，简直疯得像范进中举似的。过了好一会，老朱才稍微平静下来，郑重地说：全白云山仅在此看见一棵栾树，要记得这日子，9月19日。

我和小朱虽然没有像老朱那样疯得大叫，但也忍不住为栾树的美赞叹起来——满树黄澄澄的小花呀，就像一只只小小的金色蝴蝶，挂满了枝丫，真是繁花耀眼呀。地上散落着不少小花，仔细瞧瞧，金黄的五瓣花瓣向外反折，靠花冠处的花瓣是橙红色的，里面长着金黄色的花蕊，还点缀着很多雪白的绒毛，让整朵小花显得更层次分明，韵味柔软。偶尔，有风吹来，一朵朵小黄花随风飘落，犹如金雨洒落，煞是柔美、浪漫，也因此栾树还有一个美丽的英文名字："金雨树"。栾树的花，不仅漂亮，据书中记载，栾树的黄花可提炼黄色染料。哦！真是好看又实用的美花呀。

栾树不仅花美，果也很美呢。两个星期后，正当国庆节期间，栾树花便从金灿灿的黄色逐渐转红，并结出鲜红色的蒴果。蒴果呈圆锥形，膜质果皮膨胀成气囊状，形成大大的红灯笼似的羽罩，三片弧形的羽罩围成一个完整的有三个楞的小帐篷，仿似一串串鲜艳夺目的红灯笼挂满枝头，增添了喜气洋洋的节日气氛，所以，栾树又叫国庆树、灯笼树。贪玩的小朱呢，就喜欢把栾树当灯

笼树，还说叫帐篷花也很好听。

我们在地上捡了些风吹下来的红灯笼果回家，发现成熟后由尾端裂开的每一片蒴果上都有两颗黑色小球形种子，看起来好像是小小面具，甚是可爱。据说，栾树的小球形种子还能做佛珠用，故寺庙多有栽种。不过，好奇怪哟，我们并没在白云山上的能仁寺看到有栾树呀。

自从在白云山上发现栾树开始，老朱对自己魂牵梦绕的栾树，更是热切关注了。不论春夏秋冬，只要走过明珠广场，都必定去关注一番栾树。这么一关注，就发现栾树季相非常明显，观赏性也特强：春季叶片嫩红可爱；夏季树叶翠绿如云；秋季黄花满树金碧辉煌；等到秋末，栾树一边落花，一边长出红红的果荚。初冬开始，花落尽，红红的蒴果，被栾树高高地举在半空，一直举到隆冬时节。一年四季，栾树就像舞台模特儿忙着换装，呈现出丰富漂亮的色彩。

而我呢，看着这栾树的季相，总会想到我们一家子：春季叶片嫩红可爱，

就像我们可爱的小朱嘛。夏季树叶翠绿如云，就如小朱的蓬勃青春。秋季黄花满树金碧辉煌，就像我和老朱，花已开透，那是人生最难忘的璀璨的年华。秋末到隆冬，如灯笼般的红蒴果高高举着，就像现在的我和老朱，花季已过，但是我们的心因岁月的洗练，变得更沉稳了，那是人生的另一种成熟的美。

黄蝉：

鹅黄雏鸟啼枝头

“几朵蓓蕾像细小的海螺似的层层窝卷着，只有一朵盛开着。不必伸出手，我也知道那花瓣的质感类似最柔软的金丝绒布；花瓣的蒂处呈深杯型，里头刚好容得下三只最肥胖的蜜蜂。花的淡淡的香味，闭着眼，给我一百种花我都喊得出：这个，这个就是软枝黄蝉……”——这是台湾作家龙应台先生笔下描述的《软枝黄蝉》。

龙应台先生对软枝黄蝉（又叫软枝黄婵）的描绘，有很漂亮的意象：像小海螺层层窝卷，似金丝绒布，容得下三只肥胖蜜蜂。看这三个漂亮意象，我们闭着眼也能想象得到——软枝黄婵的花蕾卷得多么好看；花瓣质感多么软柔；深杯型花蒂多么宽，而花朵肯定也就张开得大大啦。

软枝黄蝉，是黄蝉中的一种。其花呈漏斗状，花冠裂开五瓣，花朵口如碗儿大小，除了比不上金杯藤和曼陀罗这些巨无霸的花朵，也算是够大的啦；花冠下部则收拢呈深杯型的圆筒状，至花蒂处即漏斗底部真就像龙应台说的那样——“刚好容得下三只最肥胖的蜜蜂”。为此，我们一直希望能看到有三只胖乎乎的蜜蜂聚集到花瓣蒂处，可惜一直无缘见到，只看见蜜蜂儿在鲜黄色花朵上“嗡嗡嗡”地飞舞。呵呵，小朱忍不住埋怨说，这胖乎乎的蜜蜂儿，还真不够朋友呀！不过，也只是小小埋怨一会儿，我们很快就被大朵朵的花儿吸引去了——花色是明亮的鲜黄色，花瓣下部圆筒内侧还由深至浅发散出红褐色脉纹，随后又在卵圆形花瓣相接处点出五滴雨露般的白色斑点。我笑说，这软枝

硬枝黄蝉花

黄蝉，还是个煽情高手呀，化了个泪妆，就仿如一个漂亮的姑娘家，染上了几滴白莹莹的清泪，霎时多了几分水灵灵的神韵，清丽动人得很呢！

白云山南门、松风轩旁边、云溪生态园的大红花园以及紫缘轩都有软枝黄蝉，但最大片的是种植在松风轩旁边的斜坡上。每年秋天，一坡的软枝黄蝉，热热烈烈地灿开着比太阳还亮眼的黄色，远远望去，一朵朵一团团的金色花儿犹如一只只鹅黄雏鸟脆啼枝头，难怪这花还有一个好听的名字——黄莺。所以，一到秋天，我们必定常到松风轩旁边的斜坡上，一睹软枝黄蝉花开的盛景，那可真是黄莺纷纷恋枝头，而我们则是“满树黄花照眼明”呐！

我们的眼睛给软枝黄蝉的花儿照得明亮亮的，但好玩的是，两只明亮亮的眼睛却怎么也很难找到花心，原来这软枝黄蝉的花心还长得挺特别的——生于漏斗底部，而且很短，外表根本看不见花蕊。怪不得有人调侃把软枝黄蝉花戏称为“好男人花”，因为从外表看，它没花芯，所以“不花心”。哈哈，好一

朵讨人欢喜，懂藏拙的花儿呀。小朱说，好男人花，那就是像爸爸这样的花。老朱一听，当即笑成一朵金灿灿的软枝黄蝉花！

当然，我们还欢喜的是，软枝黄蝉的花蕾及蒴果都好好看。龙应台说软枝黄蝉的花蕾“像细小的海螺似的层层窝卷着”，但当我们细看后，觉得花蕾也有些像蝉蛹。老朱说，这种感觉很对，因为软枝黄蝉其名字来源，便是因为花蕾的形状及颜色，貌似即将羽化的蝉蛹，且枝条柔软下垂，花色鲜黄，故而得名软枝黄蝉。至于其果子，长得别具一格——球形深绿色蒴果，个头有农家鸡蛋般大小，上面还长有长达一厘米的硬邦邦的刺。小朱说，这果子真像《西游记》电影里那些妖怪们拿的武器，怪吓人的。我则说，满身长刺，更像个小刺猬呢；老朱说，都像都像，花儿这么漂亮，怪不得果子也长得如此奇特！

还有另一种也叫黄蝉的花，那是硬枝黄蝉。云台花园、白云山柯子岭门口、西门牛岭草坪、松涛别院墙头以及云山中路沿途都有一些硬枝黄蝉，而“白云胜景 心旷神怡”石刻对面山坡（即是可憩草坪上面的山坡）则有很多。同样叫

黄蝉，硬枝黄蝉自然与软枝黄蝉有很多相似的地方，比如，叶很相似，花很相似，果也很相似。但软枝黄蝉的枝是软的，属半蔓性藤本，可以匍匐在地上生长，而硬枝黄蝉的枝是硬的，属直立灌木。

硬枝黄蝉的花与软枝黄蝉的花，同样花型呈漏斗形，花色也是黄色，就好像是一对姐妹花。但仔细区分，却能看出两者的差别——软枝黄蝉的花朵比较大，花瓣还会稍微往后翻卷一下；而硬枝黄蝉的花比较小巧，花瓣基本不会往后翻卷，硬枝黄蝉花更像是小一号的软枝黄蝉花。颜色上看，虽然都是黄色，但软枝黄蝉的颜色，就像是刚孵出的小鸭的颜色，很鲜亮；而硬枝黄蝉则是长大了的小鸭的黄色，欠缺了点鲜亮。

虽然略微有差别，但到底是姐妹花，花朵花色都同样靓丽美艳，而且还同样带毒。其毒性为植株乳汁有毒，人畜中毒，会心跳加快，循环系统和呼吸系统障碍，妊娠动物食之会流产。不由得想起了《卫斯理》里面那位清丽绝伦的美人黄蝉花。“黄蝉花”是香港著名作家倪匡所创作的《卫斯理》科幻系列小

硬枝黄蝉花

说中的登场人物，她肌肤赛雪，是一位绝色美人，是以花名作为代号的特务组织“十二金花”中的一位。

看来，与太美的东西，保持些距离，这不仅适合与人相处，有时候，与漂亮的花儿相处，亦当是如此。比如说，与黄蝉花相处，如果不保持些距离，非要亲密无间，先不说中不中毒，光是那浑身硬邦邦的刺儿，就可扎得你流血不止。

软枝黄蝉花

软枝黄蝉花

红花酢浆草：

绵延红毯别样酸

走在白云山上，一看到红花酢浆草，尤其是看到回归林和茶趣园里那大片大片茂密生长着的红花酢浆草时，我就会忍不住地满嘴泛酸，一边咂吧着口水，一边嚷嚷——嘿！酸得都快掉牙啦！

一开始，小朱听到我嚷嚷“酸得都快掉牙啦”，一脸懵懂：“妈妈，这小花草真那么酸呀？你吃过吗？”我答——何止是吃过，妈妈小时候经常吃，那可是乡村孩子们随手可得而不花钱的零食呢！我这么一说，小朱更是一头雾水——这草儿，也能当零食？也是，20 世纪 90 年代中后期出生的小朱，鸡鸭鱼肉都吃得发腻，哪里有机会吃这长在山野里的红花酢浆草。

我和老朱，都是 60 年代生人，我们俩出生成长在小县城，当时物质贫乏，尤其是生活在连南小县城附近小山村的我，根本就没有买零食吃的概念，那时的小孩子们想吃零食，都是自己直接从田野里采摘来吃的，酸丁，便是我们常吃的一种野草。

酸丁，其实就是红花酢浆草。红花酢浆草是学名，而酸丁是别名，乡村人都喜欢叫这个土里土气的名字，也还有叫酸酸草、酸溜溜、酸咪咪之类的，反正就是酸个透啦。

乡间野外的山坡荒地、河边、树林下，甚至连住宅近墙根处都长满了大片小片的酸丁。酸丁春、秋两季开花，植株矮小，花小朵，粉红色，绵延成片一路开去，好像地毯一样。但或许山村里的花太多，又或许是这花太常见太平凡，孩子们每次一看到酸丁，只模糊知道花儿是粉红色，至于花长啥样子，似乎都说不出什么印象，反正感觉这花儿有点像安徒生童话《灰姑娘》里前半段写的那个天天在厨房里忙活的灰姑娘一样，总是被忽略而过。其实，也怪不得孩子们啦，因为嘴馋，全都忙活着吃酸丁的叶子和根去了。

上学或放学的路上，快乐地抓几把酸丁，揉成一团，然后放入口中大嚼起来，这多半是乡村男孩子们的吃法，比较粗鲁。而女孩家的吃法，就讲究多了，摘下叶片后，轻轻地把叶子揉软，放于掌心，然后还很慎重地对其呵几口气，据说这样可以消毒。其实，也不知道这消毒的方法是谁说的，反正女孩子都喜欢这么吃着。因为酸丁的味道太酸，有时候女孩子揉酸丁叶子时，还喜欢拌上一点盐，这样就可以去掉一些酸汁，吃起来酸味不会太重，而且微酸中有了一丝清甜。

有时孩子们也去挖酸丁的根块吃，酸丁的根块只有几厘米长，白嫩嫩水灵灵的，像小白萝卜，孩子们都叫它水萝卜，吃起来生脆清爽。根茎虽然好吃，但挖起来有点麻烦，要找叶片长得比较肥大的株挖下，才可得到大的好吃的根茎。所以，孩子们还是喜欢吃叶子——随手一抓，就有一小把，不费任何周章，就可以开吃啦！

小朱听得眼睛发亮，站在白云山回归林的大片酸丁面前，也随手来了一把，用矿泉水冲洗一下，放进嘴巴，酸得龇牙裂嘴，“这红花酢浆草，真是酸死啦，酸死了，一点都不好吃”。也挖了根块，吃了根水萝卜，但小朱说不够甜，没啥味道。

呵呵，“90后”的小朱，当然是无法体会到我们当年在乡村里吃酸丁的快乐心情，就如同植物的名字一样，尽管我一直在说酸丁如何如何，但小朱嘴里吐出的依然还是红花酢浆草。而且，小朱对吃叶子和根块，也没什么心情。或许，从这点上说，花草亦可以是观察时代变迁的一个小小侧面吧。

虽然在吃红花酢浆草这点上，我们有不同的感觉与认知，但对其花朵的喜爱，却是我们一家一直执着不变的情怀。这真的很好，以前被我忽略的灰姑娘

酸丁花，如今在白云山上，却在我们一家三口的眼里，呈现出了一种华艳，一如灰头土脸的灰姑娘，一跃成为美丽的公主。

红花酢浆草的嫩生生小茎上顶着三片心形的叶子，一簇簇粉红的小花从叶子中探出头来，刚开始有点像豆芽儿，卷曲着，问号一般。慢慢地，花张开了，五瓣花瓣上，有淡紫的纵裂条纹从中心底部向上散发，让整朵花显出一种放射状的灵动之美。小朱说，这花儿，很像小喇叭。但我感觉更像是古旧的留声机。因为小喇叭太过光滑，而红花酢浆草上那一条条纵裂条纹，则沉淀出一种岁月的痕迹。于我于老朱来说，把红花酢浆草当成岁月留声机，却也是蛮美好的。

小朱还小，对岁月还没什么感叹，满眼看到的都是漂亮和好玩。红花酢浆草的叶片，呈倒三角形或扁圆状倒心形，小朱说，三片叶，像三只头对头、嘴对嘴的小蝴蝶。大花迷老朱，说起花花来，经常不离传统文化。这不，一听小朱说到蝴蝶，老朱又叽喳开来了，在中国古代，人们把编出来形似酢浆草叶片形状的节饰称为蝴蝶结，又因为其双耳如蝴蝶状，同时又被称为中国式蝴蝶结，寓意幸运吉祥。

说到幸运吉祥，又有一番好玩啦。因为一般的酢浆草只有三片叶，偶尔会出现突变的四片小叶个体，称为“幸运草”。三叶的酢浆草，一片代表希望，一片代表信仰，还有一片代表爱情。传说，如果谁能找到四片的酢浆草，第四片代表的则是幸运，如果谁能找到四片的酢浆草，那么谁就能找到最心爱的人并且永远幸福地生活在一起。虽然我们在白云山上找了好久，也一直没找到四叶的“幸运草”，但我们却觉得很幸运很幸福，因为我们仨一直快乐地与花草同行。

我们曾经在山顶公园“云潺”旁的一处石缝里，看到长得特别好看的红花酢浆草花。那是个阴天，飘着毛毛细雨，张开的花瓣儿，微微收拢，向下卷曲，让整朵花平添了一份羞涩之美。小朱说，这花好奇怪呀，是要凋谢了吗？

大花迷老朱解释说，这是花在闭合，并非凋谢，只是像一把收拢的雨伞，等到太阳出来又会重新绽放。哦！原来，红花酢浆草对阳光敏感，阴雨天、夜里不开花，白天、晴天才开花，所以红花酢浆草还有个别名“夜合梅”，指的就是它的花与叶对光的敏感性，在晚间会闭合，另外它在阴雨天的时候也会闭合。

小朱一听，大叫起来：真是太有趣太好玩啦！原来红花酢浆草跟人一样，晚上睡觉，白天醒来；天不好，花儿就躲在被窝里睡懒觉呢！

其实，更有趣的，还在后头呢！等到酢浆草长出了圆锥状的蒴果，当蒴果成熟时，只要手指轻轻地捏一下，蒴果就“爆炸”了，如机关枪一样，射出一大堆红褐色的种子来。我告诉小朱说，小时候在乡村，这蒴果就是小孩子们的玩具，孩子们还给这玩具一个酷酷的名字——小炸弹。小伙伴们的小脸蛋小手掌，经常被这“小炸弹”，“炸”得红红一片。可惜的是，似乎白云山上的红花酢浆草，很少长出蒴果，所以，小朱也难以体会到被酢浆草的“小炸弹”“炸”得红通通的快感。

这里还要普及一下哟，“酢”这个字有两种读音 c ù 和 zu ò，前者是“酸，醋”的意思，后者是“斟酒”，而红花酢浆草应读酢（c ù）浆草，指它的汁液是酸的。

因为酸，在古代，酢浆还成为一种含有酸味的饮料。《齐民要术·大小麦》引《氾胜之书》说：“当种麦，若天旱无雨泽，则薄渍麦种以酢浆并蚕矢。”石声汉注：“‘酢浆’是熟淀粉的稀薄悬浊液，经过适当的发酵变化，产生了一些乳酸，有酸味也有香气；古代用来作为清凉饮料。”

当然啦，现代人也依然延续着这种清凉的情怀。比如说，台湾作家林清玄就用酢浆草做成了酢浆草茶。他在《酢浆草茶》里写道：“我拔了一部分酢浆草花儿，与冰糖熬了一大锅酢浆草茶，滋味果然鲜美殊异，那酸中带着一点草的清气，与橘子、柠檬、酸梅都大有不同。我把它装瓶冷藏，一方面用来保证喉咙和肺管，一方面款待朋友，让他们心凉脾肚开，喝过的人没有不赞美的。”

读林清玄这一段文字，哇！我又开始满嘴泛酸啦！

黄荆：

荆钗不掩天香色

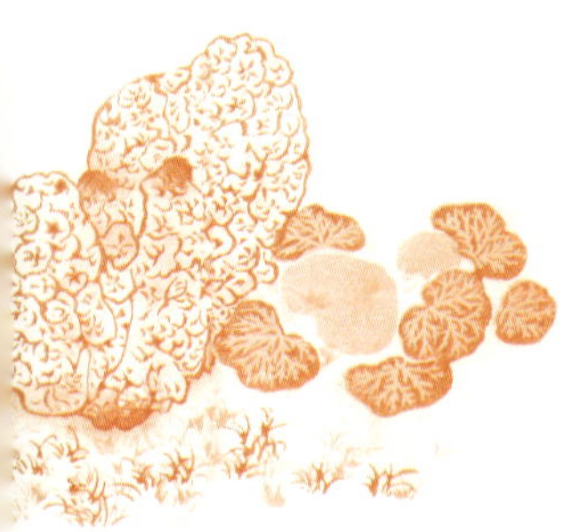

哈哈哈！黄荆，真的是黄荆！我终于找到啦！——走在郑仙岩生态栈道入口处的大花迷老朱，突然兴奋得大叫起来。

郑仙岩生态栈道位于白云山山顶广场天南第一峰的悬崖下坡处，上为峭壁，下为悬崖，区内有连廊、古井、郑仙文化馆等。2015 年 4 月 18 日，建成后的郑仙岩生态栈道开放，木栈道中部有一段六米长的悬空玻璃桥，能让游客体会一种“凌空微步”的感觉。

因为去生态栈道体会“凌空微步”的游人实在太多，周末的时候更是人流拥挤。我们一家虽然周周爬白云山，但实在不想凑这种人挤人的热闹场景，反正悬空玻璃桥一直都在栈道里，早晚也一样可体会“凌空微步”。直至郑仙岩生态栈道开放三个月后，已经进入初秋了，有个周末从可憩草坪上来，看看郑仙岩生态栈道相对清静了些，我们一家便笑嘻嘻地打趣说：今天就去走走悬空玻璃桥吧。

于是，欣然走上郑仙岩生态栈道，才走不到十米，大花迷老朱站在石头崖边的一大丛灌木前，兴奋不已地喊叫起“黄荆”来了。而且，运气好好的是，黄荆还开着花哩！那花儿真的很小朵很小朵，如果不细看，根本就不知道这灌木开着花呢。当时，路过的三三两两游客，还挺疑惑地问“这花太小啦，一点都不起眼呀，有什么好看的呀，找朵花都那么费劲。”

其实，在我们印象中，在白云山上看到花朵儿长得这么小的，似乎也就只有日本星花可以与黄荆有得一拼了。但不同的是，日本星花在白云山很多地方都可见到，量多，花儿虽小却能非常亮眼，人们自然也容易被吸引住。而黄荆花呢，叶子浓浓密密一大丛，细细碎碎的花朵却没多少，也难怪游客们觉得太费劲，不好看呢。

虽然这是我们第一次在白云山上与黄荆花相遇，但我们可真是一见钟情，因为这小花儿长得太迷人啦。其实，以前乡下山地都有不少黄荆，但那时我对花没什么感觉，根本没关注过花的模样。眼前黄荆灿开的小花儿，色泽淡紫夹带着宝蓝，淡雅又秀丽。花瓣五裂，上面四裂小花瓣，向四周铺开，像个小小巧巧的果盘，果盘中心伸出几根淡紫宝蓝的花蕊；下面一裂大花瓣，轻轻下垂，瓣面有宝蓝色与金黄色相间的一大块印痕，印痕上还摇曳着众多的白色绒毛。我笑说，这么迷人的印痕，可是哪个仙子亲吻时留下的么？小朱笑嘻嘻地答，或许有这可能，这是郑仙岩栈道，不就与仙人有关么。

而一直兴奋激动的老朱，却显得文化多了。老朱说，还记得“负荆请罪”这个故事吗？这黄荆便是“负荆请罪”里说的“荆”呀。

“负荆请罪”实在太深入人心，当然都知道得一清二楚。

战国时期，廉颇是赵国有名的良将，他战功赫赫，被拜为上卿；蔺相如让无价之宝和氏璧“完璧归赵”有功，被封为上大夫。不久，又在渑池秦王与赵王相会的时候，让秦王为赵王击缶，维护了赵王的尊严，因此被提升为上卿，且位在廉颇之上。廉颇对此不服，扬言说：“我要是见了他，一定要羞辱他一番。”蔺相如知道后，就有意不与廉颇会面。人们都以为蔺相如害怕廉颇，廉颇为此很得意。蔺相如却说：“秦王我都不怕，会怕廉将军吗？不过现在秦国倒是有点怕我们赵国，这主要是因为有廉将军和我两个人在。如果我跟廉将军互相攻击，就会削弱赵国的力量，秦国必然趁机来打我们赵国。我之所以避开廉将军，是以国事为重呀！”蔺相如的话传到了廉颇耳朵里，廉颇十分感动，他脱下战袍，背上荆条，到蔺相如家请罪。蔺相如见廉颇来负荆请罪，连忙热情地出来迎接。从此以后，两个人结成誓同生死的朋友，同心协力保卫赵国。

不过，作为女儿家的我，还想到另一个词汇“荆钗布裙”。钗，是古代妇女别在发髻上的饰物。“荆钗布裙”，即是指荆条当作钗，粗布做成裙。家里穷，买不起金银首饰，就用细细的荆条制成簪子，来别头发。这样的女子装束，可谓素朴得很。当然素朴的装束，也一样难掩女子之美，就像旧时很多文学作品都写有这种流行句式——“当真是，荆钗布裙不掩天香国色。”其实，我觉得赏黄荆花，也是这样，粗粗看，毫不起眼；细细看，姿色迷人！

花迷人，叶也有一番迷人的景象。黄荆叶，五片聚在一起：最中间一片叶，如一个手指，最宽最长；两侧各一片叶子，依次变小如大半个手指；最外侧的两片叶，很小很小，就只有三分之一手指大小了。黄荆叶大小长短都显得非常有层次感，颇像一个人张开的手掌。我说，就叫它手掌叶好了。一边说，一边把手掌放到叶子上比画，大小好像还真差不多呢。

自从第一次遇见黄荆后，我们就非常想在白云山的其他地方，能再与黄荆相遇。当然，这种相遇，还真是得讲究些缘分。比如说，第一次撞见黄荆，是在郑仙岩生态栈道。其实，这黄荆应该早就野生长在这块石头边上，但因为靠着悬崖，并没有路通进去，我们有时候路过，也只是望了望，再加上黄荆花长得如此娇小，隔着些许距离还真看不到有花开，自然也就忽略过去了。如果黄荆花开得大朵，就算我和小朱会错过，大花迷老朱也肯定不会错过的。

白云山新修了郑仙岩生态栈道，让我们触手可及有着传统文化底蕴的黄荆。因为清楚了黄荆花的娇俏模样儿，我们很快又在山庄旅舍对面的山谷里看到了一大丛黄荆。虽然我们斜倚着路边的石栏杆，离山谷里的黄荆还是有一段距离，而此时已到深秋，花开得甚多，但花色却不是初秋时开在郑仙岩生态栈道的宝蓝紫，而是一种很浅很浅的紫，甚至几乎可以说变成了黄白色，除了最大那块花瓣中间还保留有宝蓝色与金黄色相间的一大块印痕。这黄白色花，或许是品种的不同，也或许是宝蓝紫的黄荆花，已经是美人迟暮。

也说不清是怎样的一种情怀，就算是美人迟暮，我们心里也着实欢喜。我们见过了黄荆花最美的宝蓝紫年华，如今又遇见了黄荆花的美人迟暮的黄白岁月。在一个秋天，与黄荆花，两种相遇，两种色彩，两种心境，这也是难得的一种花缘吧。

而对我来说，与黄荆，还有另一种久远的温馨画面——炎炎夏日，在田里忙农活，中午太晒了，就随手在田埂边上割几根黄荆，拧一拧，弯成圈，套在头上当帽子，既遮阳，又祛暑。

含羞草：

娇痴花叶羞答开

“咦，这含羞草，怎么不害羞了呢？这是不是含羞草呀？那怕羞的含羞草，到底跑哪去了呢？”

人间四月天，在白云山农艺创意园，一个五六岁大的小女孩，在种过含羞草的那一小片菜地上，一面伸手去拨弄眼前的细碎叶子，一面自言自语，眼神急切又失落。

其实，小女孩逗弄的细碎叶子，并不是含羞草，而是小小的胡萝卜苗。创意园的园丁们都很勤快，经常随季节的变化，在园子里种上各种各样的季节花草。由于现在不是含羞草开花成长的季节，去年曾种过含羞草的那片小菜地，已经换成了长势郁郁葱葱的胡萝卜苗。

“等到初秋来临，会再看到含羞草的，到时候妈妈再带你来创意园，找含羞草玩儿。”小女孩的母亲安慰道。看来，小女孩的母亲也是个爱花识花之人。后来，我们还和小女孩的妈妈简单聊了一下，她说，挺喜欢这创意园的，种的花草，都挂上小牌牌，以前有些不认得的花，也是在这创意园认识的；而更重要的是，有了让孩子亲近泥土的空间，在成长的季节里，多了一种来自大自然的芬芳。

对此，老朱和我深有同感，因为有一些花草，我们也是在创意园里认识的。不过，有些遗憾的是，白云山农艺创意园是 2012 年 5 月才开放的，此时小朱已经读高中了，虽然也在这里遇见了含羞草，但是长大了的小朱，并没有眼前这个小女孩玩得急切的心情，或许是因为含羞，或许是因为逗弄含羞草太小儿科，当时小朱也只是轻轻触了触含羞草的叶子。孩子的成长也就是这样，花还是一样的花，但过了那种天真玩耍的时光，却难以再有玩儿的心情。

不过，还好的是，小朱小时候跟着我们回老家，老家的山坡田野长着很多含羞草，当时他拨弄含羞草的叶子，玩得不亦乐乎，也算是曾经拥有过拨弄含羞草的大好年华。当时，看着小朱玩耍得欢天喜地，我总会想起自己小时候去学校路上的溪边田埂，长着好些矮小的含羞草，村庄里的小孩子们都特别喜欢拨弄它的叶子。因为一拨弄，叶子就会难为情似的合拢起来，叶柄也会低垂下来，过了一会，叶子又慢慢地张开，再神气地竖起来了！于是，每当放学、上学经过含羞草前，孩子们都争着去“羞”它，笑呵呵地看着它“害羞”。生活在村庄里的孩子本来就没有钱买什么玩具，而带着泥土芳香的花花草草，不用花一分钱，却能让孩子们玩得乐趣无穷。

虽然长大的小朱，已没有了拨弄含羞草的热乎劲头，但小朱却有了种琢磨植物叶子的兴趣。也不知道这种兴趣，是跟大花迷老朱学的，还是小朱自己自然就来劲了，反正长大后的小朱，看花草，经常能讲出不少关于叶子的一些东西来。

比如说，对含羞草叶子的“害羞”闭合的现象，大朱小朱互相唠叨了一堆话，羽状复叶互生、呈掌状排列的含羞草叶子，之所以“羞”于见人，是因为叶栖基部有一个薄壁细胞组织——叶褥，平时里面充满了足够的水分。当叶片受到刺激时，薄壁细胞里的水分，立即向上部与两侧流去。由于叶片的重量增加，就产生了叶片闭合、叶柄耷垂的现象。这含羞草的名字，果真是生动形象得很。当然，还有其他的别名，诸如感应草、喝呼草、知羞草、怕丑草之类的，也一样形象生动。

含羞草这种“怕羞”的触觉敏感，是在长期的生存选择中，形成的一种适应环境的特殊本领。含羞草产自热带南美洲的巴西，那里常有大风大雨，植株纤细娇弱的含羞草，及时把叶子闭合、把叶柄下垂，就可以躲避狂风暴雨对自己的伤害。

触觉敏感的含羞草叶，还有两项超强的本领，一是，预兆天气晴雨变化，如果用手触摸一下，它的叶子很快闭合起来，而张开时很缓慢，这说明天气会转晴；如果触摸含羞草时，其叶子收缩得慢，下垂迟缓，甚至稍一闭合又重新张开，这说明天气将由晴转阴或者快要下雨了。二是，会预报地震，在地震多发的日本，科学家研究发现，在正常情况下，含羞草的叶子白天张开，夜晚合闭；如果含羞草叶片出现白天合闭，夜晚张开的反常现象，便是将要发生地震的先兆。据说，1938 年 1 月 11 日上午 7 时，日本东京的含羞草叶开始张开，但是到了 10 时，叶子突然全部闭合，果然在 13 日发生了强烈地震。

我呢，对植物的叶子总是难以分清，所以，一说到叶子，就往往只有当听

众的份。也好，在没有含羞草的日子，听大朱小朱唠叨含羞草叶子的敏感与高强本领，倒也增长了不少见识。

很快，初秋来临，创意园又出现了一小块含羞草花圃，更开心的是，含羞草花开了。

有些植物长得高高大大，但花儿却小小朵；还有些植物个子小小巧巧，花儿却是大大朵。这花儿树儿反差实在太大，让人看得一愣一愣的。而含羞草的羽叶纤细秀丽，花儿也文弱清秀，这算得上是从花到叶，都能很好地保持着同一种楚楚动人的风格了。

含羞草的花，圆溜溜的，似绒球，一团紫红色，有无数透亮亮的细花蕊，每个细花蕊尖上还顶着一点白色的小颗粒。如果你拨开花蕊细心观察，会发现一朵圆圆的含羞草花，其实是由许多的小花所形成的花序，每一朵小花上都有四裂的花瓣、四根长长的雄蕊和一枚雌蕊。原来，是一朵朵的小花，紧密拥抱

才组成了一朵圆圆的含羞草花呀。

别看含羞草那么“害羞”，但它培育出的小绒花可一点儿也不“害羞”，无论你怎么触碰这些花儿，它都无动于衷，依然挺着美美的笑脸。而且，花朵底下的茎，还长着细细尖尖的小刺，有点像玫瑰花的梗，那可是非常扎人的哟。开花后，含羞草会结出扁平的荚果，荚果表层长满了紫红色的刺儿。看来，外表害羞柔弱的含羞草，还是有着挺刚强的一面性情的。

目前为止，我们在白云山上，仅发现农艺园里有含羞草。于是，每当含羞草花开时，农艺园里的那一小块含羞草花圃前总是围满了孩子，他们触碰叶子，逗弄小花，边玩边咯咯咯笑：“含羞草的叶子好害羞哟，可含羞草的小花儿为什么一点也不害羞呢！”话还没说完，又听到哎哟哟的一声声惊呼——害羞的含羞草，怎么还会扎人呀！咯咯咯，咯咯咯咯，孩子们把农艺园里闹得一片欢腾。

葛麻姆：

可爱无比小精灵

进入秋天，广州还火辣辣的，我们一家爬白云山，都喜欢往人少又阴凉的小道上走。

从千尺磴往健康路方向走，绿树掩映，小路成荫，凉爽极了。走到有乌龟的小池子，我们会习惯性选择从上面岔口处的泥土小路走。走不远，就可看见一路上有小圆石墩，石墩上还刻着“景泰寺”三个字，字体有些模糊，石墩经常长满青苔，可见很有岁月了。

说起景泰寺，的确也有一番历史，它是白云山最早的寺庙，还留下“景泰僧归”一景，是明清的羊城旧八景之一。据传，南朝梁时，有位景泰禅师，原来住在罗浮山上。那时崇尚佛学，广州刺史就把他请到白云山来建寺供佛，但山上缺水，景泰禅师踏遍白云山，终于在白云山西麓找到一处福地，便用禅杖点出泉水，因名景泰泉，在这里建了一个庙宇，称为景泰寺，景泰泉水流成的坑便叫景泰坑。当时景泰坑一带，流水淙淙，树木浓荫。景泰寺建在半山，每当黄昏时候，外出化缘的僧人，三五结伴而归，景色十分秀丽，故列为“羊城八景”之一，名叫“景泰僧归”。可惜的是，后来，附近树木被砍伐殆尽，泉源枯竭，山空寺破，自然也不会有僧归了。

虽然没有了寺庙，也没有了僧归，但每次走过这条小路，看见这个长满青苔的石墩，似乎也能感觉到悠悠的岁月，缓缓地向我们走来。所以，愈发喜欢走走这条泥土小路，看一看石墩，感觉满眼都是历史和岁月的痕迹。

8月中旬的一天，过了“景泰寺”石墩，走上百米远，却惊奇地看到一大片绿绿的藤蔓丛中，飞着十几只紫色的小蝴蝶。赶紧跑上前去，一看，原来是花儿来的。再仔细看看，花儿都长在一杆杆藤蔓上，花瓣裂开为三瓣，下面两瓣，小而弯，颜色蓝紫；上面一瓣，比较大，下部蓝紫，上部淡紫，花瓣的中心，还有一片如树叶般的金黄色，显得梦幻又精灵。

“爸爸妈妈，这紫色花，好可爱哟，像一个个小精灵！叫什么名字呀？”小朱叽叽喳喳地问道。这下，大花迷老朱也有些懵了，因为我们都是第一次在白云山看到这精致又奇特的紫色花呀！不过，大花迷到底是大花迷，沉默了一会儿，老朱开口说：“看样子像是葛类植物开的花，与葛藤似乎有些相似。”但老朱也不是那么确定，说话的口吻有些迟疑的。

晚上一回到家，我们仨赶紧翻开《广州野生植物》一书，按笔画顺序，找到“葛”类，在书中介绍的葛、葛麻姆、粉葛、三裂叶野葛中，把花朵、叶子、花期一一对比，发现与葛麻姆十分吻合。葛麻姆是葛的变种，该变种与原种之

区别在于顶生小叶宽卵形，长大于宽，花期为 7~9 月。

哇！又认识了多一种野花。好激动，我们与白云山的花缘真不浅呀！而且，葛麻姆，这名字很山野，很质朴，好接地气哟，我们仨都喜欢极了。

更惊喜的是，后来我们仨又在白云山龙虎岗附近的山崖边，看到了一大片葛麻姆。

龙虎岗这个名字，听着就霸气。那一大片葛麻姆长在龙虎岗附近，也的确是比“景泰寺”石墩附近的霸气多了。“景泰寺”石墩附近的葛麻姆，虽然藤蔓一大片，但因为长在偏僻的路段，有点像山野的小妞，比较随情随性，开的花散淡，并不是那么热烈，不过是十几朵一起开而已，还常常掩映在浓密的绿叶下。而龙虎岗附近的葛麻姆，花色更靓丽，偏深紫色，花朵霸气十足，花型也比较大，成串成串地开，光是一根藤上就挤挤挨挨簇拥着几十朵花，像一个个模特儿排队走 T 型舞台似的，极其灿烂热闹。

霸气十足、热闹灿烂的葛麻姆，加上又长在白云山主道路旁，自然就吸引着众多游客观赏。游客们一边拍花，一脸疑惑地问：“好灿烂哟，这是什么花呀？”我们仨很得意地答：“葛麻姆”！游客们都笑了：“这名字，好土哟！”我们笑呵呵应道：“长在山野，土气是其本质呀！”呵呵呵！一问一答，甚是好玩呐。

或许可以这样说吧，龙虎岗附近的葛麻姆，是都市的，热闹灿烂；而“景泰寺”石墩附近的葛麻姆，是乡村的，清静随性。以我们仨看来，还是比较喜欢“景泰寺”石墩附近的葛麻姆，一是，花开得散淡，随情随性，像山间的小精灵；二是，清幽，一边赏花，一边可以听鸟鸣，更有一番意境。

葛麻姆是葛的变种，那就再说说葛这种植物吧。葛，别名葛藤、甘葛、野葛。白云山的创意园里也种有葛哟，原先是种在一个小木桶上的，很快浓绿的藤蔓就爬满，掩盖了木桶。后来木桶没了，种在了地上，一旁插上了竹竿，葛藤沿着竹竿攀爬、但似乎长得不如从前茂盛了。而且，很奇怪的是，我们从没看到葛藤开花，或许是我们错过了花期吧。不过，虽然未见花，却看到了果。葛藤的荚果，长条形，扁平，有很多细细的黄褐色硬毛。

而且呀，葛还是一种很古老的文化植物，有着很深远的文化历史。

葛的块根含淀粉，可制葛粉或酿酒，葛粉和葛花可用于解酒。葛的茎皮纤维，可拧成绳索，还可作纺织原料，供织布和造纸用。在古代，曾经流行用葛布制作衣服（葛衣）、用葛布制作头巾（葛巾）。据《越绝书》载，春秋末期，越王勾践“使越女织治葛布，献于吴王夫差”。周朝时，朝廷在中央设立“掌葛”官职，负责征收和掌管葛麻类纺织原材料。而战国末期杰出的思想家哲学家韩非子在《韩非子·五蠹》里也有记载“冬日麑裘，夏日葛衣”。

葛衣，简单来说就是夏天穿的衣服，非常凉爽。有诗人曾写过有关葛衣的诗歌，比如，唐代韩翃在《田仓曹东亭夏夜饮得春字》歌咏“葛衣香有露，罗幕静无尘”，宋代陆游在《夜出偏门还三山》也写有“水风吹葛衣，草露湿芒履”的诗句。“葛衣香有露”，“水风吹葛衣”，衣袂飘飘，有香、有水、有露，真是十分的唯美。

落葵：

红唇轻启承寒露

落葵，听起来仿佛很陌生的一种植物，或许很多人都误以为自己根本不认识。

事实上呢，落葵，却是大家都绝对熟悉的一种蔬菜。白云山上，只有一个地方种有落葵，那便是农艺创意园。

农艺园里的落葵就种在水池边的洼地上。落葵是一种蔓生草本植物，枝蔓繁多，蓬蓬勃勃一大片，叶子肥嘟嘟的，娇嫩嫩地要滴出水来，绿莹莹地直冲眼帘。好玩的是，落葵肥嘟嘟的叶子，呈卵形或心形，犹如孩子的手掌般大小，特招孩子们喜爱。常常能看到一些小孩子，张开小手与落葵叶子比比画画。

小朱呢，已经长大，没有与落葵叶子比划手掌大小的心情，倒是看到一旁挂着白底蓝字的“潺菜”小牌子，疑惑起来了：“是潺菜呀，我们都好熟悉哩，一到秋天菜市场好多卖的呀。可是老爸，你为什么说这藤蔓叫落葵呀？”老朱提醒说：“你再细看一下，牌子下面还有几行小字呢！”果真是哩，还有四行小字——学名：落葵。别名：终葵、蘩葵、木耳菜、潺菜等。科目：落葵科。产地：南方热带地区。

哇！原来潺菜是别名，落葵才是学名呀，涨知识啦！小朱摸摸脑袋笑了起来。老朱说，我们广州人觉得落葵的黏液多，干脆就俗称为“潺菜”。只是现代人熟悉的是“潺菜”之名，却都不知道它的另一个古名叫落葵。当然，被忽略的还有落葵的花与果，因为这些花果实在太小太小，基本不被人关注。但是，如果你用心地观察，就会发现它们有着一种极端耐看的美。

落葵的花，呈弯弯的穗状，每一朵都长得小巧，却非常诱人：淡粉色，透亮亮，而且基本上是处于半开半闭的羞涩状态，色泽娇，色相嫩，诱惑得人忍不住想亲吻一口。因而，每次看到这娇嫩的落葵花，我总会错位地想起唐代杜牧所写的《赠别》。虽然这首诗歌里的这句“娉娉袅袅十三余，豆蔻梢头二月初”，说的是“姿态美好举止轻盈正是十三年华，活像二月初含苞待放一朵豆蔻花”。但是，我在这套《云山花事经眼录》系列中的第一部“春色”篇里就说过，豆蔻花长得实在是太大朵太壮硕，我们根本就没有留下“姿态美好举止轻盈正是十三年华”的美妙感觉，反倒觉得这小巧透亮的落葵花，一朵朵，半开半闭，娇嫩得犹如一位小女子的红唇轻启，更有那种“姿态美好举止轻盈正是十三年华”的水嫩意境。

落葵的果，缀于绿叶茎上，依然很小巧，呈球形，模样像个小桃子。刚长出来时，是黄绿中带粉，粉的是果子的尖端，像女子点上胭脂的红唇。成熟后，小果子变成紫黑色，只要用手轻轻一捏，紫黑色小果就会噗然而裂，紫液四溢，可以用来饰面颊，点朱唇。因为紫黑色的落葵果可用来制作面膜，因此，在古代，落葵又被称为胭脂豆、胭脂菜、染绛子。

落葵的花果，好看又诱人，一直让我们有种蠢蠢欲动想吃的欲望。可惜，没看到有说花果是否能吃，但却都说可“以叶或全草、花、果实入药”。而其肥嘟嘟的叶子，除了入药，还可以当蔬菜吃。广州人吃潺菜，自然也很有一套：一是放蒜蓉清炒；二是放鸡蛋滚汤，最好放咸蛋，可以下火；三是用沸水烫一下潺菜叶子，蘸酱油吃。

只是，很多人都不知道，落葵这道美味，还与曾经到过广东的宋代大文豪苏东坡紧密相连。

话说，绍圣元年（公元 1094 年），苏东坡被贬至广东惠州，长达三年。在这三年中，苏东坡过着艰辛而质朴的耕读生活。传说，绍圣三年的新年，苏东坡与幼子苏过同游惠州丰湖。午间，在一湖畔人家寻些粗茶淡饭，村人端出一碗汤羹，苏东坡看汤羹之中的菜叶圆润，肥厚多汁，略似西湖的莼菜。苏东

坡在杭州待过，自然很熟悉莼菜。但再品滋味，只觉得嫩滑甜美，口感竟也不逊莼菜，询问村人是什么菜？村人答复：“此乃藤菜。”再抬眼一看，那藤菜蜿蜒攀附于架上，观望良久，苏轼抚掌大笑，对苏过说：此乃古之“落葵”是也。

嫩滑甜美的藤菜，让苏东坡诗兴大发，没几天就写了组诗《新年五首》，其中第三首写的就是藤菜：“海国空自暖，春山无限清。冰溪结瘴雨，雪菌到江城。更待清雷发，先催冰笋生。丰湖有藤菜，似可敌莼羹。”莼羹，即是用莼菜烹制的羹，同为宋代词人的周邦彦曾在《蓦山溪》一词曾写道：“玉箫金管，不共美人游，因箇甚，烟雾底。独爱蓴羹美。”

藤菜口感十分幼滑，用来制作汤羹，味道鲜美无比。据说，当年苏东坡每到丰湖野宴，必食潺菜汤羹为快，不仅味美，且具有清热润肠作用。因此，苏东坡才会盛赞——“丰湖有藤菜，似可敌莼羹”。

苏东坡所赞的藤菜，正式学名就叫“落葵”。植物最大的一个特点，就是随地域的不同，会出现许多别名。比如说，落葵，又名藤菜、潺菜，木耳菜、篱笆菜等，其中，潺菜是广州人的叫法，而藤菜是惠州人的叫法，至于木耳菜，那是因为落葵的叶子兼具脆滑与鲜嫩，口感和木耳相似，因此木耳菜这一俗名越叫越响亮起来。当然，篱笆菜这个名字也很容易理解，在我们乡下，种落葵时，都会给它们插上一些竹子当栏杆，落葵就顺势攀缘在栅栏上，长成了名副其实的篱笆菜。

古人赋予落葵，还有很多名字，也都非常的诗意，比如说，前面提过的胭脂豆，还有承露，这个名字，张嘴一念，立刻诗意满怀。

其实，落葵这种古老的蔬菜，最初是以幼苗、嫩梢和叶片供作蔬菜食用而闻名。两千多年前的秦汉古书《尔雅·释草篇》就已有记载："落葵，蔠葵，繁露也。一名承露。其叶最能承露，其子垂垂亦如缀露，故得露名。"落葵的嫩叶可以承载露水，常年被甘露滋润，难怪叶片生得格外肥嫩，吃起来格外甜美。

而胭脂豆的得名，则是因为紫黑色的落葵果可用来制作面膜。对于落葵果的美容妙用，早在一千多年以前唐代，医学家、饮食家孟诜在其所著的被誉为世界上现存最早的食疗专著《食疗本草》中，就记载了一则用落葵果实制作面膜的方法："其子令人面鲜华可爱。取蒸，烈日中曝干。按去皮，取仁细研，和白蜜敷之，甚验。"书中说，把果实内的种子取出蒸熟，在烈日下晒干，然后去皮后研磨细碎，和以白蜜涂抹在脸上，这样就可以使人的容颜"鲜华可爱"。

落葵，从秦汉时期的蔬菜，华丽转身为唐代的美容面膜。到了明清时期，落葵又开始回归蔬菜行列。明朝医药学家李时珍在《本草纲目》里将落葵归在"菜部"："落葵三月种之，嫩苗可食。五月蔓延，其叶似杏叶而肥浓软滑，作蔬、和肉皆宜。"清代学者屈大均的《广东新语》则这样描述："落葵，蔓叶柔滑可食，味微酸，宜以羹鱼。"等到进入高科技的现代社会，美容护肤品层出不穷，落葵已经完全回归到它最初最本真的蔬菜行列。

两千多年的光阴，落葵的华丽转身以及平凡回归，见证了其从蔬菜，到美容品，再回归蔬菜行列的过程。汪曾祺说，"蔬菜的命运，也和世间一切事物一样，有其兴盛和衰微，提起来也可叫人生一点感慨。"看落葵，亦如此。

盆架子：

天生盆架千层花

大花迷老朱，经常会告诉小朱和我一些奇奇怪怪的花名，比如说，盆架子。

那是金秋10月中旬的一个周末，老朱说要从西门进白云山，带小朱和我一起去看看盆架子。

盆架子？小朱和我一听，睁大了双眼：这盆架子，是不是说它的花长得像脸盆呀？老朱卖关子，答得模棱两可：也可以这么说吧。

一进西门，就闻到了一股浓香。顺着浓香而去，往西门入口右侧走了十来步远，便看到好几棵树上挂满了绿白色的花球，挤挤挨挨聚生在一起，密密麻麻，甚有气势。鼻子靠近一点，花球散发出的浓香气味，还真有点呛人。

要看这花，还真挺像绣球的模样，一团团簇生于花枝顶端。但细细打量，却发现这团花里的一小朵一小朵花，长得特别有个性，花朵上的"洞洞"特别多，中间一个圆洞，周边还环绕着五个不规则的小"洞"。我开玩笑说："叫洞洞花，似乎比较形象贴切哟。"

我所看到的"小洞"，其实是五瓣花瓣低垂下来，分别弯卷而成的，卷成了一个小风筝似的。中间的圆洞，是花心，洞底墨绿色，显出一种深邃的格调；

洞口长着众多雪白的绒毛，把圆洞衬托得愈发深邃了。风一吹，花朵如风筝一般地旋转起来。小朱说，叫风筝花，也很形象哟！

左看右看，小朱和我，怎么也看不到这花如何与我们平常使用的脸盆相关。老朱说，花像绣球状，的确与脸盆无关，不过，一层层生长的盆架子，树干挺拔竖直，如塔状，具有分层效果，很像古代人洗脸用的脸盆架，所以取名叫做盆架子。

古代的脸盆架子，我多少有些了解。但出生在90年代的小朱，年纪尚小，自然就不知为何物啦。于是，老朱就滔滔不绝地给小朱讲了一通。

脸盆架是古代梳妆清洁的工具，相当于现在的洗手盆、台面、镜子、毛巾架的结合体。据有关历史记载，脸盆架的功能是附属于梳妆台，一开始是为梳妆打扮而产生的，后来才渐渐演变成清洁工具。这是因为在古代，人们还没有“盥洗”室的概念，上厕所与洗脸的功能是分开的，上厕所主要在茅厕内，而洗脸的功能则通过放置于卧室之内的脸盆架来实现。所以，在古时候，脸盆架几乎是家家户户卧房中的必备家具， 通常是摆放在床的一旁，与摆放有妆奁

的桌子靠近，这样清晨一觉醒来，就可以方便地在卧室内完成清洁、梳妆。到了上世纪七八十年代，随着洗手间设备的完善，脸盆架这种用于梳妆清洁的传统老家具，便渐渐淡出了历史舞台。

听老朱这么一说，小朱赶紧细细打量起树形来——整棵树，的确是一层层生长的，看起来着实美观。但小朱说，这一层层生长的树，怎么看也还很难与老爸说的脸盆架联系起来。其实，我看了，也一样有这样的感觉，只能说，有时候有的传统文化真的“只可意会，不可言传”，或许这也正是传统文化的迷人之所在吧。

除了脸盆架这个“只可意会”的迷人名字，盆架子还有好些别名，比如说，黑板树、糖胶树、灯架树、马灯盆、魔神树、摩那、列驼牌、亮叶面盆架子、面条树等。这些名字有些很好理解。比如，叫面条树，是因为细长的荚果如面条。叫亮叶面盆架子，那是因为属于夹竹桃科鸡骨常山属的盆架子，其椭圆形的叶背浅绿色稍带灰白，而叶面却是亮绿色，很生动形象。灯架树、马灯盆之类的，

大概也还有架呀盆呀，基本上和盆架子还是相关联的。黑板树，一说是此树的木质可以作为黑板制作的材料，故名黑板树；另一种说法，是因为此树的种名“scholar”意为学者，而学者教学需用到黑板，所以称黑板树。而叫糖胶树，则因为此树原产于高温多湿的南亚，木材的材质松软细致，全株乳汁丰富，可提取口香糖原料，故名糖胶树。至于魔神树、摩那、列驼牌这几个名字，就迷人得不知所云了。小朱笑说，这下老爸也没辙了吧，这三个怪名字，既“不可意会”，也“不可言传”了呢。

给人一个感觉，这盆架子，真是人多力量大的典型：一是，别名多多，有些还离奇古怪；二是，花开成团成簇，尤其是10月份的盛花期，花香太浓，会发出刺鼻的腥臭味。每当这时候，盆架子便很容易成为朋友圈里的吐槽点，“定时散发臭味的树”“每年都要折磨人一次的树”“从树底下走过，整个人都快被熏晕了”“在花开的时候，站在树底下几分钟就头晕”……好在，盆架子的

盛花期很短，不适的香浓气味，仅仅维持花期两周，很快就会消失。

其实，我们基本上没有感受到朋友圈里的吐槽点。那是因为白云山西门边种植盆架子的地方，右边是大块的绿草坪，左边都是宽大的广场和道路，地势宽阔，而种的盆架子也不多，只有八棵，于是那些刺鼻的浓香味，也就很容易扩散开来啦。由此看来，白云山的园林设计者，特别有水准哟——在开阔之地，有节制地种植盆架子。所以，每次看到朋友们吐槽，我们都忍不住嬉笑一把。

那么问题来了，为什么奇臭的盆架子，会在城市街道里广泛种植呢？这与盆架子自身的独特气质有关：盆架子生长迅速，不需造型修剪，树型直立开阔，粗生健长，而且还能抗台风、对空气污染抵抗力强，还具有很好的遮阴效果。

广州的秋天，经常还炙热如火炉。如果选择从白云山西门开始爬山的路线，一进西门，我们仨都习惯性地往右手边那几棵花开浓艳的盆架子树下走去，拍拍花儿，闻闻花香，甚为惬意。

水茄：

花花果果喷喷开

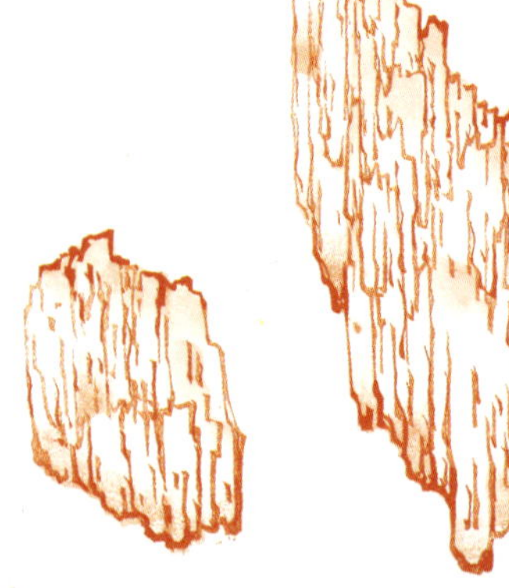

自从白云山鸣春谷游览区的“农艺创意园”于2012年5月25日开园后，因为园内设有爬满了各种特色瓜类的长廊，墙上有很多农业科普知识展示，还摆满了各种农具，还有很多特色农作物、花卉及岭南佳果展出，我们一家三口都超喜欢！每当周末爬白云山，只要是从南门和濂泉路山门入山，我们家一定会进创意园去看看。

“十一”长假的最后一天，我们又去登白云山。其实，长假期间我们已经爬过一次白云山，但人实在太多，尤其是创意园里，挤满了大人与小孩，于是我们仨就选择与创意园擦肩而过。等到假期最后一天，重登白云山，人少了很多，我们欣然而入创意园，慢慢地看各种花、各种草、各种树、各种农作物。

看着看着，我们三人都瞪大了眼睛——哇哇哇！这满树的白花呀！一喷一喷地开，一喷比一喷地闹性！

那满树的白花，就开在农艺园右边石阶梯旁的一棵树上。树不算太高，大概三四米吧，但是枝叶婆娑，树型张开很宽，人走在石阶上，还会被枝条撩到。

老朱和小朱都夸赞，说我形容这花“一喷一喷地开，一喷比一喷闹性”，太生动太喜感啦！青绿的枝梗上，十几朵花儿聚在一起灿开。如果是三几个十几朵，这当真没什么特别的；但那可是一棵大树上，每条枝梗上都有无数的十几朵聚拢在一起开呀！真如“喷”出来一样，当然就闹心也闹性啦。当然还有一点，让我觉得这花像“喷”开，那是因为我们经常走过这创意园，但是看到

水茄花

这棵枝叶婆娑的树，其花，却总是这里开一小簇，那里开一小簇，闲云野鹤似的，有一搭没一搭地开呀开，所以，我们也就从来不曾很认真关注过它。如今突然满树花开，那可是一种喷薄而出的盛景呀，自然就完全吸引了我们的眼睛。

而且，巧的是，因为可站在石阶上看树，自然就把我们和树相隔的距离拉近了，所以，虽然这树有四五米高，我们却还能随心所欲地欣赏花儿。

这大树上“喷”出的白花，有一种透明的质感。整朵花的花形也长得精巧，花瓣裂开五瓣，平展如一个五角星，稍微有点褶皱；花中间挺出金黄色的五根花蕊和一个花柱子。这五根花蕊长得有些长度，而且还一直都很团结，从不打开，因而显得既粗壮又挺拔。给人一个感觉，这花瓣儿纤纤柔柔、乖乖巧巧的，但花蕊却相对壮实多了。呵呵，花亦如人呀，性情总是个复杂体。

“喷”了一树的白花花，而其果子，却也是“喷”得满枝丫都是呀。果子圆球形，刚开始长出来时，是青绿色的，慢慢成熟后，会变成黄色。一边开花，一边结果，花花果果，“喷”得满树都是，真是招摇极了。

茄子花

看了那么多年这棵婆娑大树开花，才第一次看到其盛开得最旺最美的时刻，这真是太不容易，也太幸运啦！花花果果，一喷一喷地开，一喷比一喷地闹性！而我们呢，也是一喷一喷地笑，一喷比一喷地闹性儿“拍拍拍”个不停。结果一不小心，还给枝条上的硬刺儿，扎得哇哇哇叫个不停。

老朱说，这“一喷一喷”的花，中文学名叫水茄。小朱应道，原来叫水茄呀，茄子和水茄都属于茄科茄属，怪不得觉得这水茄花的模样儿长得有点像平常可以拿来吃的茄子所开出的花。

创意园里就种有一小片茄子。于是，我们仨赶紧转到那片茄子地里去，拨开叶子，找了好一阵，才找到三朵茄子花，还开得有点耷拉着脑袋。其实，茄子开花的旺季是在 6~8 月，现在已经是 10 月初，进入茄子的尾巴又尾巴的花季啦。

不过，在七八月份时，我们没有错过茄子的花季。说来，因为茄子是一种很家常的蔬菜，以前一直只关注到茄子果，却从来就忽略了茄子花。如今我们开启了白云山的寻花之旅，又碰巧在农艺创意园看到了茄子花，当然就不会再错过，还曾经很认真地拍花。但拍这茄子花，还真有点麻烦哩。因为茄子花开得很低调，总是藏在叶片中，默默地倒挂在秧茎上。所以，要拍茄子花，还得拨开宽大的叶子呢。

茄子花，色泽淡紫，花型和水茄一样，也是五角星形，而且花中间也是挺出金黄色的五根花蕊和一个花柱子；不一样的是，茄子的花蕊，相对较短，而且还经常会张开，显得有些矮胖和粗壮。再加上淡紫茄子花，比白色的水茄花，色泽更为浓郁一些，因而茄子花整体看起来要比水茄花丰腴多了、肥美多了。水茄花与茄子花，还真可以这么说，一个是浓墨重彩，一个是冰清玉洁。但好玩的是，冰清玉洁的水茄花，却是“一喷一喷地开”，招摇又耀眼；而浓墨重彩的茄子花，却是默默地俯首绽放，一点儿都不扎眼。老朱说，那是因为内敛的茄子花，把光芒都让给了紫色的茄子呀。

当然，与水茄相比，茄子的植株，没有刺儿，温和很多；而水茄，却全身长满了刺，扎得人发疼。拍水茄花时，小朱和我都给狠狠地扎过好几回。难怪水茄有个别名，叫刺茄，那真是很名副其实呀。

除了叫刺茄，水茄还有很多别名。由国家中医药管理局《中华本草》编委会编辑的《中华本草》就罗列了水茄的很多别名：洋毛辣、一面针、狗辣子、鸭卡、刺蔷茄、金纽扣、山颠茄、刺茄、野茄子、茄木、天茄子、小登茄、扭茄木、金衫扣等。晕！除了金纽扣和金衫扣，稍微有点洋气，其他的别名，全都土里土气极了！

我把水茄的花发上微信朋友圈，再把土里土气的名字罗列一堆上去。朋友们一致评论说：“名字土，花和果，都不土！亲，果儿能吃的吗？”

呵呵呵，都是吃货呀！这水茄原产于南美洲和亚洲的热带地区，有毒，但其根可入药，有散瘀、消肿、止痛的功效。亲们，要注意哟，千万别贪嘴哟。

秋海棠：

小朵娇红窈窕姿

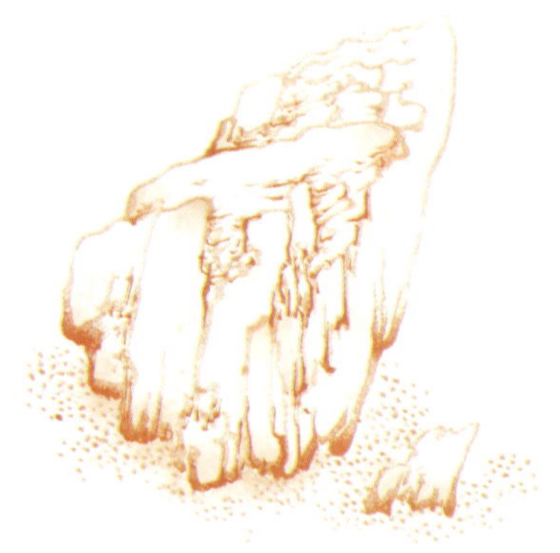

昨夜雨疏风骤。浓睡不消残酒。试问卷帘人，却道海棠依旧。知否，知否？应是绿肥红瘦！——宋代才女李清照《如梦令》（昨夜雨疏风骤）这首小词，有人物，有场景，有对白，情致清新又凄婉：昨夜雨点稀疏，晚风急猛。虽然睡了一夜，仍余醉未消。试着问卷帘的侍女，她却回答说，海棠花依旧那样美丽。女主人叹道：知道吗？知道吗？应该是绿叶繁茂，红花凋零了。

读这首小词，北方人对遭遇一夜风雨的摧残后，憔悴成“绿肥红瘦”的海棠，是一点也不难理解的。但对岭南人来说，要理解海棠变成“绿肥红瘦”这种情景，还真是有些难度的。

白云山上的山顶公园、月溪书院、农艺创意园、白云山索道口、云台花园等地，都种植有“海棠花”，尤其是山顶公园“白云山欢迎您”的草坪上，经常都是大片种植，颇有气势。西门蜿蜒的石墙上，间隔设置了一溜镂空的小铁花窗，花窗上整整齐齐地种着一小盆一小盆的秋海棠，仿佛石墙上镶嵌进了一首首红红的绿绿的小诗，颇为浪漫。而最有气势的当是云台花园，到处都种满了“海棠花”，尤其是秋天时节，更是绵延连片地在湖边草地种植，“海棠”花开粉红鲜红，那真是红红如火海呀。

我们家的小朱，在观赏过白云山的红火“海棠花”之后，就抛出了这样一句疑问：“爸爸妈妈，这海棠，叶子是偏红的，花也是红色的，没有绿呀？哪来的‘绿肥红瘦’呀？”

也难怪小朱不理解，因为李清照所写的海棠，是中国传统花卉“海棠四品”，而我们广州的“海棠”则是秋海棠。

据《群芳谱》记载，海棠有四种，皆木本：贴梗海棠、垂丝海棠、西府海棠、木瓜海棠，习称“海棠四品”。这几种海棠在北方能长成几米高的小乔木，春天开花，三四月盛花期，满树粉红淡红胭脂红，甚为壮观。经风一吹雨一打，红花纷纷凋落，绿叶相应更加茂盛，李清照的“绿肥红瘦”这四个字——便是此情此景最生动最完美的解读。

而在我们广州，垂丝海棠、西府海棠、木瓜海棠基本上生长不了，唯有贴梗海棠这一种还有少量种植。但能在北方长成小乔木的贴梗海棠，在广州却多半长成灌木，而且经常盆栽，花开也不是那么热烈，难有经一夜风雨就憔悴得“绿肥红瘦”的惊人景致。

能在我们广州大片大片种植的秋海棠，虽然花名上也有海棠二字，但与海棠四品却是完全不同的植物。秋海棠只因多在秋季绽放，小花儿如海棠花一般美艳，故而得名。清代诗人袁枚就写有一首诗《秋海棠》，盛赞在秋气萧索、百花凋谢的萎落时节，秋海棠逆秋开放，日渐进入盛花期的纤丽娇俏姿态——“小朵娇红窈窕姿，独含秋气发花迟。”

海棠四品，喜欢和桃杏等花木争芳斗艳，装点烂漫春色。而秋海棠，喜欢与独占秋芳的菊花为伍，又因在阴历八月开放最盛，恍若春花，所以也有“八月春”的别称。虽然同名海棠，但是形态殊异，春花秋荣，也各呈风流。当然，现在的科技手段进步，秋海棠可以培植成一年四季都开花，叶子有红色也有绿色的，因此秋海棠还有个别名——四季海棠。

海棠四品，是蔷薇科苹果属，木本植物，可长成灌木，亦可长成几米高的小乔木。秋海棠，是秋海棠科秋海棠属，是草本植物，高不超过六十厘米。虽然秋海棠个子娇小，但花叶却长得极富层次感。

秋海棠的叶子，大大小小，错落有致，大叶子有巴掌那么大，小的只有指甲盖一般。叶子的颜色各异，有嫩绿色、墨绿色、紫红色，还有绿中透红的。

虽然叶子色泽有绿色，但是这些绿色都不是那么纯粹，嫩绿色和墨绿色叶子上的脉纹，通常微红，还有叶子的边缘，往往有红色锯齿，风一吹，像睫毛一样，忽闪忽闪的，颇为顽皮。再加上花儿开得密密麻麻，粉红鲜红一片，因此，秋海棠给人的印象，就是叶红花更红，那是一团红得耀眼的火海哟。所以，广州人看秋海棠，看到的就是红花红叶，即使一夜风雨过后，依然还是红花肥红叶肥。老朱打趣说：那是“双肥”，秋海棠倒也算是“肥”出境界来了。

秋海棠开花前，先是在茎的顶端出现一串粉中带白如小浪花的蓓蕾。小浪花越来越大，颜色也越来越红。很快，小蓓蕾慢慢绽开，伸展出了四个花瓣，其中有两片花瓣长得很大，而另两片花瓣却长得很小很小。小朱说，大花瓣像一对大蝴蝶结，小花瓣像一对小蝴蝶结，他们班的小女生头上就扎着这样的蝴蝶结，好好看哟。四个蝴蝶结一样的花瓣中间，长着一束毛茸茸的黄色小花蕊，靠近一点，用鼻子嗅一嗅，偶尔还会闻到一股幽香，细细的，淡淡的。

通常，秋海棠的两对一大一小如蝴蝶结一般的花瓣，都不是那么严谨地对称着，四瓣花瓣，忽高忽低，或歪左歪右，花瓣随性，整朵花看起来显得挺散漫的。

散漫当然是人生一种不错的状态。但如果人生完全散漫，也让人觉得生腻。所以，人与花，偶尔严谨一下，却是挺亮眼的。

曾经在白云山索道口，我们看过长得很严谨的秋海棠花。那是长在一个大花盆里的，花瓣紫红色，花朵鲜红色。因为乳白色的花盆很欧式，所以我们的目光就被吸引了过去。初看时，觉得没什么特别的，但看着看着，就看到了很特别的四五朵花。这四五朵花，依然是长着蝴蝶结花瓣，但两对大小花瓣却是非常完美地对称，对称的大花瓣，包裹着对称的小花瓣，这让小花瓣看起来好像是一条鲜红的小领带，那金黄的花蕊，就是领结上好看的花结。于是，越发感觉整朵花看起来，就像一个男人打上了领结，有一种风度与精气神。而且，更特别的是，这花瓣鲜红透明，好像用美玉雕刻成的，很亮很嫩，让人不忍触碰一下，因为怕“吹弹即破”。哪个男子的皮肤会美得“吹弹即破”？除非是生活在大观园里的贾宝玉了吧。

其实，如果说秋海棠是贾宝玉，似乎也挺相称的。贾宝玉爱林黛玉爱得肝肠寸断，而林黛玉爱贾宝玉也一样爱得肝肠寸断，他们双双都是断肠人，而秋海棠的花语，便是“苦恋”，它还有个别名——断肠花。

元代伊世珍《嫏嬛记》卷中引《采兰杂志》记载：“昔有妇人怀人不见，恒洒泪于北墙之下，后洒泪处生草，其花甚媚，色如妇面，其叶正绿反红，秋开，名曰断肠花，又名八月春，即今之秋海棠也。”女子怀念自己的心上人，但总不能见面，就经常在北墙下哭泣，眼泪滴入土中，后来在洒泪的地方长出花草，花姿妩媚动人，色如妇人的脸，故得名“断肠花”。

“断肠花”秋海棠，虽然断肠得让人仓皇，但却美丽又可爱。不仅花色美丽，秋海棠还可以美容。清人赵学敏编著的《本草纲目拾遗》中，记载了“海棠蜜”的调制方法：用秋海棠的花心和花瓣拌入蜂蜜之中，日日蒸晒，直至花瓣如烂泥，蜂蜜之色如秋海棠花般娇艳。将这“海棠蜜”抹在脸上，可以美容养颜，甚至还能防治冻疮。

花姿妩媚动人的秋海棠，既断肠仓皇，又可美容养颜，一直甚得女子们的喜欢。这其中也不乏鼎鼎有名的女性，如“鉴湖女侠”秋瑾。当然，“鉴湖女侠”喜欢海棠花，既不是喜欢它的断肠，也不是喜欢它可以美容养颜，而是因为秋海棠生存能力很强。秋海棠易于栽种，折断的茎直接插入土中，不用精心打理，也可照常开花。“鉴湖女侠”觉得自身的气质与秋海棠略同，因此还专门为之赋诗一首《秋海棠》：“栽植恩深雨露同，一丛浅淡一丛浓。平生不藉春光力，几度开来斗晚风。”这既是咏花，又是言志，秋海棠添上一份侠气，倒更显此花的独特之魅！

芭蕉：

雨打芭蕉叶叶愁

一说起芭蕉，小朱最熟悉的就是铁扇公主手里那把可变大变小并具有神奇魔力的芭蕉扇啦！那是《西游记》里“三调芭蕉扇”的故事，小朱看过小人书，看过动画片，还看过原著小说，一张小嘴，也能说得活灵活现：

唐僧师徒西天取经途经火焰山，方圆八百里内寸草不生，火焰山的火唯独芭蕉扇可以扇灭，芭蕉扇是铁扇公主的宝物。孙悟空初次借扇，铁扇公主用芭蕉扇，一扇子把孙悟空扇到了五万四千里之外；孙悟空后来变成小虫进入铁扇公主的肚子，拳打脚踢，铁扇公主腹中疼痛难忍，只好答应借扇，却给了一把假扇。第二次借扇，孙悟空变成牛魔王模样，骗得铁扇公主手里的真芭蕉扇，却又被牛魔王所变的猪八戒夺回。第三次借扇，孙悟空与牛魔王大战，八戒、沙僧、哪吒等天神上前助战，最后把牛魔王打得现出原形。最终，铁扇公主借出芭蕉扇，孙悟空用来扇灭火焰山的火，师徒四人继续西行取经。

小朱说完“三调芭蕉扇”，紧接着便会追问一句：“这芭蕉的叶子很大很大吧？是不是就像铁扇公主手里的芭蕉扇一样大呀？”

小朱的这个疑问，当然不难解决，直奔白云山不就得了。因为白云山的景泰寺遗址旁、双溪旅舍对面、黄婆洞水库、鸿波山庄、梅花谷等地方都种有芭蕉树，尤其黄婆洞水库种植得最多，一整排的芭蕉沿着水库边蜿蜒而去。

芭蕉的叶子，椭圆形，肥大得出奇。用小朱的话来说，完全就是铁扇公主手中超大型的芭蕉扇哟，可以遮住十岁左右的小孩。嘿！当时小朱就是八九岁的样子，爬白云山，碰上下雨，他还曾顽皮地躲到芭蕉叶下去了呢。

肥大的芭蕉叶，挺好看，也挺耐看的。芭蕉叶刚长出来是微微带黄的翠绿色，长大后的叶子是深绿色。不管翠绿色还是深绿色，叶子的纹路都很清晰，叶面都很有光泽，绿得像上了浓重的油彩，给人以“绿天如幕”的感觉。尤其是雨打过的芭蕉叶，格外纯净无瑕，清新碧绿的芭蕉叶上，闪闪烁烁，滚动着无数洁白晶莹的水珠，好像撒下的一颗颗珍珠，玲珑剔透极了。

小朱小时候最喜欢到黄婆洞水库看芭蕉叶，每当肥大的芭蕉叶在微风中轻轻摆动，小朱说，就好像一叶叶小舟在荡漾，这很容易让我们想起《让我们荡起双桨》的歌曲，有时候也忍不住哼上一两句歌词“小船儿轻轻漂荡在水中，迎面吹来了凉爽的风……”一家子心中欢快得很!

我和老朱呢，则相对喜欢看景泰寺遗址和双溪旅舍的芭蕉树，总觉得芭蕉与古寺的寂静氛围、格调特别登对。就如我的好友作家萧萧所说的那样——竹子是江南旧式的文人士大夫，荷花是杜丽娘那样的大户人家的闺秀，蔷薇很有丫鬟的泼皮喜相，只有芭蕉，总是寂静含蓄的。芭蕉懂得守静，可是也洒然，也婆娑摇曳。芭蕉更像是一位情怀深深的古意女子，安然在市井烟火里。

懂得守静的芭蕉，自西汉就已在园林中栽种，至明清更是文人园中不可或缺的造景植物。到现在，芭蕉已成为菜市场的常客，即我们所说的大蕉。而在中国传统文化里，懂得守静的芭蕉，既有浪漫的“蕉叶题诗”，也有文雅的“雪里芭蕉”，还有“雨打芭蕉”点滴着一些天荒地老的忧伤。

蕉叶题诗是古代文人墨客争相仿效的雅俗。清代李渔在《闲情偶寄·芭蕉》中写到“蕉能韵人而免于俗，与竹同功……竹可镌诗，蕉可作字，皆文士近身之简牍。乃竹上止可一书，不能削去再刻；蕉叶则随书随换，可以日变数题，尚有时不烦自洗，雨师代拭者，此天授名笺……”这意思是说，芭蕉能让人有情趣而且不落俗套，跟竹子的功效一样。竹子上可以刻诗，芭蕉叶上可以写字，都是文人随身的纸张。竹子上只可以刻一次字，不能削掉再刻，而芭蕉叶上题诗，就可以随时写随时换，可以一天反复写几种题目。有时还不用自己去洗，老天

会下雨来代劳，这叫做天授名笺。所以，李渔主张说，房子周围只要有些空地，就应该种芭蕉。李渔还说：“蕉叶题诗，韵事也；状蕉叶为联，其事更韵。”（《闲情偶寄·联匾》）于是，突发灵感，为园林设计了一种“蕉叶联”——“其法先画蕉叶一张于纸上，授木工以板为之，一样两扇，一正一反，即不雷同；后付漆工，令其满灰密布，以防碎裂；漆成后，始书联句，并画筋纹。”“此匾额悬之粉壁，其色更显，可称‘雪里芭蕉’”。

“流光容易把人抛， 红了樱桃，绿了芭蕉。”——说到写芭蕉的诗词，人们最熟悉的莫过于南宋词人蒋捷所写的《一剪梅》了。因此，芭蕉在古代，用来代指时光的流逝，容易让人生发愁情。在古代，芭蕉亦是一种愁情的象征，代表孤独寂寞和离情别绪，再加上淅淅沥沥的雨声，更能唤起文人深深的忧愁和孤寂之心。也因此，古代文人歌咏芭蕉时，总喜欢让雨和芭蕉为伴。如，王维《七律·无题》“雨打芭蕉叶带愁”；白居易《夜雨》“隔窗知夜雨，芭蕉先有声”；杜牧《芭蕉》“芭蕉为雨移，故向窗前种。怜渠点滴声，留得归乡梦”；元代散曲家徐再思《水仙子·夜雨》：“一点芭蕉一点愁，三更归梦三更后”等古典诗词，无一例外都写尽了凉风长夜、雨打芭蕉的清幽之声，更唤起文人的孤寂与忧愁。

小朱说，他一直挺纳闷为什么这么多文人总将芭蕉和雨联系在一起？老朱解释道，这是因为芭蕉的叶子宽大厚实，听雨打芭蕉，其声清脆浑厚，有一种大气雄阔的感觉，有一种充分想象的空间。于是，文人们都喜欢伫立在芭蕉叶下，静静地看，静静地想，静静地听雨声，一任“流光把人抛”。

呵呵，说了半天芭蕉叶子，还没说到芭蕉花呢。这实在是因为肥大的芭蕉叶，太有情调和美感了。其实呢，芭蕉花也一样挺有情调和美感的哟。

当芭蕉树探出一个个淡绿色花苞，那就是芭蕉的花蕾。芭蕉花蕾个头很大，永远头朝下。当淡绿色大花苞变成了紫红色的大花苞，花蕾就会展开，露出一排排黄白色的小花蕊，这小花蕊其实就是一条条小香蕉。每当花蕾上的一片大苞瓣落下，就生出一串青芭蕉，七至十串后不再生蕉，但花还继续生长。长大

紫苞巴蕉

的芭蕉花果，还可以做美味佳肴哩！

广州湿气重，对广州人来说，一年四季祛湿是很重要的工程，煲“祛湿汤”，便是最家常最简便的一个祛湿方法。以前听过各种各样用花草煲的祛湿汤，比如，用广州市的市花木棉花煲汤，用鸡骨草煲汤等，但用芭蕉花来煲汤，我还是第一次听说。

看看广州老街坊是如何煲芭蕉花祛湿汤的——剥开紫色的蕉瓣，取出手指般长的黄白色花蕊，直接煲汤喝，祛湿又清香。不仅芭蕉花可以煲祛湿汤，生芭蕉果煲汤，也有很好的祛湿作用哟——先把五六根生芭蕉洗干净，去头去尾后，每根切成四五块，加瘦肉骨头，再放上四五个蜜枣，小火煲两个小时左右，就可喝了。我曾经按老街坊教的方法，煲过生芭蕉汤。两小时后，起锅，发现汤里基本没有油。因为生芭蕉吸油，汤喝起来一点不油腻，还分外的清甜清香。

而海南人呢，却喜欢素炒芭蕉花。我曾经在海南五指山的草寮，吃过素炒芭蕉花，爽爽甜甜的，还有一股浓香。当地的海南朋友告诉我说，这芭蕉花是刚摘下来的，先去掉老的芭蕉花瓣，用浅黄色幼嫩花心做菜。做这个菜最重要的是要去除芭蕉花的涩味。把幼嫩花芯用沸水微煮，然后用少量盐揉捏，挤掉涩水，用水稍冲洗，大火炒一小会即可上桌啦。

当然，最蔚为壮观的，是在印度尼西亚吃芭蕉果。成熟了的香蕉，颜色是黄色的，味道也变甜了；而未成熟的香蕉，颜色是青色的，味道有些苦涩。印尼人吃未成熟的芭蕉果，很有一套，有放水里煮、隔水清蒸、油炸等做法。油炸前，先将一条去皮香蕉切成两半，沾粉后，放油锅里炸，炸成了一朵很好看的金黄色花，吃时，还要沾上一些辣椒酱，辣辣的香香的还很烫嘴，吃得整个人呼哧呼哧的，痛快极了！

馋嘴了吧！呵呵，就此打住，再说回芭蕉。白云山上除了能吃的芭蕉，还有一种不能吃的观赏芭蕉，也叫紫苞芭蕉。这紫苞芭蕉，虽然不能吃，但非常好看哟——开在高高的芭蕉树上，型如一枝亭亭玉立、含苞待放的荷花。因此，紫苞芭蕉又被誉为“开在树上的荷花”。

白云山农艺创意园里，种植有三株紫苞芭蕉。芭蕉花，肥大的脑袋，低沉朝下；而紫苞芭蕉的花，挺直枝头，亭亭玉立在碧绿欲滴的叶丛中。因为紫苞芭蕉层层包覆的苞片酷似莲花，因此又叫莲花蕉。每当下部的苞片向外反折时，便可见到排成一行的黄色花蕊。整朵花看起来更有了一种灵动的气息。

看多了肥大的芭蕉花，再看看亭亭玉立的灵巧紫苞芭蕉，前者厚实、肥美、实用、谦虚；后者不能吃，但是却非常灵巧好看，也招摇。这仿佛人生的两种状态呀，年岁渐长，低眉，守静，洒然；但青春年少时，都特别的爱漂亮，爱招摇，喜欢亭亭玉立，喜欢风流。这招摇又亭亭的紫苞芭蕉，种在孩子们最喜欢的农艺园，真是长在了最恰当的地方！

杨桃：

俏娇绣花淡淡香

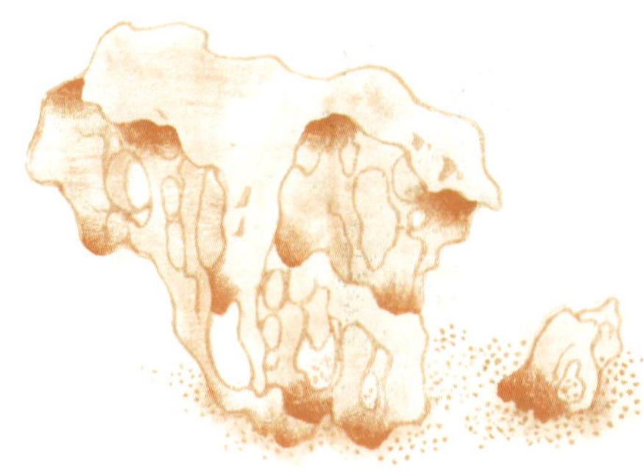

杨桃，吃过吗？——那当然！谁没吃过呀，不就是黄中泛青，个头大，椭圆形，有好几条棱，横切下来，就像一颗很标准的五角星型，吃起来酸甜多汁的果子嘛，水果店有很多卖呀。

但是，杨桃花，长什么样？知道吗？——这个嘛，不知道呀！是呀是呀，长什么样子呀？

常年在白云山上寻花的我们一家三口，也是这么俗气哩——很熟悉杨桃果，也一样对杨桃树、杨桃花很陌生。甚至多次从杨桃树下走过，一开始也没认出杨桃树来。

话说，从濂泉山门进入白云山，大约走二十米远，往右拐，便见有一泥土小路。每到秋天时分，这泥土小路上总是掉着很多黄色的果子。果子很小，也就和鸡蛋差不多大小，捡起来一看，竟然是杨桃！

其实，我们经常从濂泉门上白云山，而且进濂泉山门后，还有好多次是穿过这泥土小路，绕道到山顶公园去的，对这小路可谓熟悉得很。但最初没看到地上掉有果子时，我们并没有注意到这泥土小路旁长的是什么树。一则是白云山的树太多了，看都看不过来；二则是，这泥土小路上的杨桃树，长得实在是太瘦太高了，样子并不出众。所以，虽然杨桃一年四季开花、浆果交替互生，但就算我们抬眼往上望，也看不清树上的叶子、花色、果子。也因此，走过这杨桃树下多少遍，依然都没有注意这是什么树。

直到有一年的秋末，从濂泉门上山，走到这泥土小路，看到了满地的黄色果子，我们才认出这瘦瘦高高的树儿就是杨桃树，再认真点一点，竟然有上十株，也堪称一个小小的杨桃林了。只是，满地的黄色杨桃果子实在太小，于是我们一家三口，一直在猜测这如鸡蛋般大小的杨桃味道如何？小朱说："这么小，说不定很酸？"老朱说："这树小果小，说明没有施化肥，是纯天然成长的，也许会酸，但说不定也很香哩。"我笑说："酸酸，香香，那一定很好味呢。"结果，我们三个吃货，越说嘴越馋，赶紧翻找起地上的小杨桃来了。

但因为满地的小杨桃果是从高树枝上掉下来的，虽然我们很努力地找了好一阵，但遗憾的是，每个小杨桃果都被不同程度地砸得坑坑洼洼的。于是，便期待有大风刮来，把熟透的小杨桃再刮几个下来，小朱老朱说他们俩一定可以举把大伞把刮下来的小杨桃接住。只可惜，太阳热辣，风无半点踪迹。最后，老朱说："要不我踹几脚高瘦的杨桃树，看能否踹到一两个果子下来吧。"虽然这行为很不好，但是我们的嘴巴实在是馋得流口水了，最后我和小朱把撑开的花伞倒过来，老朱对着一棵高瘦杨桃树连踹了几脚，呼啦啦，果真有小杨桃掉下来了，我和小朱赶紧用花伞接住，还有两个呢。二话不说，赶紧倒些矿泉水洗干净，迫不及待地咬上一口，真真真酸呀！但也真真真香呀！

满嘴泛酸满嘴留香之后，我们就想着一件好玩的事：寻找白云山上的其他杨桃树，看看杨桃花，到底长啥样的？

找呀找，终于，在山庄旅舍的内庭水池边，找到一株啦。别看仅此一株，却是气势壮观得很呢——山庄旅舍的树并不矮，但因为枝叶婆娑如盖，往下压，反倒显得有些矮壮了。与濂泉门的高挑杨桃相比，感觉山庄旅舍的这一株矮壮杨桃，模样上毫无相似之处，还真把我们的眼神刺激得一愣一愣的。

当然，更刺激我们的是杨桃花。杨桃的果，那么大个，按我们的习惯性思维，总觉得杨桃花，也会不小的吧。但是，正相反，这杨桃花，实在是小得很，偏偏这小小的杨桃花朵和花蕾，几十朵密密麻麻地攒聚在一起，越发显出一种细碎的质感。

不过，细碎归细碎，小小的杨桃花，却颇为亮眼。整朵花粉紫中带着碎白，花瓣六瓣，每瓣都微微地向下弯卷，这一弯一卷，让整朵花显出了一种弧线美，更见其柔美可爱。每瓣花瓣的边沿是莹白色，中间为紫色，而花梗则为深红色，从花瓣到花梗，整朵花的色泽，搭配起来极其艳丽，但又艳得恰到好处，十足一件精雕细琢的俏娇的小工艺品。对了，就像手艺精巧的奶奶在绣花鞋上绣的一朵朵小绣花，配色与模样，都绝对俏娇得让人爱不释手！

杨桃花开花落，持续有一个月左右。这一整个月，杨桃四周都飘荡着一股淡淡的清香。所以，别看杨桃花儿小小巧巧，但当花瓣绽开的时候，淡淡的清香便足以吸引大量的蜜蜂来采花粉，嘤嘤嗡嗡响个不停，热闹极了。

如果，每一朵杨桃花，都能结成一个杨桃，那该是多么壮观！嘿！一边说，一边嘴巴又馋得泛酸啦。只是，山庄旅舍这棵枝叶繁茂的杨桃树，花开得热闹，蜜蜂采蜜热闹，但似乎结果并不多，果儿结得也不大，这与濂泉门附近高高瘦瘦却落得满地杨桃果的杨桃树，根本不堪一比。

小朱说，也许是我们没在对的时间，遇上杨桃结果吧。老朱说，这不太可能呀，我们一年四季爬山，经常光顾山庄旅舍，经常与杨桃树见面，总不会一直错过吧。

而我，则来了一小段文艺说词：有些树负责开花，有些树负责结果；就像山庄旅舍的杨桃，是负责开花的典型；而濂泉门的杨桃呢，则是负责结果的另一种典型。这也很好呀，开花也罢，结果也罢，其实都是扬长避短，各自美到极致哩！

鸳鸯茉莉：

一花三色香满园

“好一朵美丽的茉莉花

芬芳美丽满枝丫

又香又白人人夸

让我来将你摘下

送给别人家

茉莉花呀茉莉花……”

这首《好一朵美丽的茉莉花》歌曲，耳熟能详，此歌曲展现了茉莉花开时节，满园飘香，美丽的少女们热爱生活、热爱大自然、爱花、惜花、怜花、欲采又舍不得采的羞涩心情。

或许是因为茉莉花香气浓郁，为著名的花茶原料及重要的香精原料，于是，不少花儿的名字似乎都喜欢与茉莉花套近乎。比如说，非洲茉莉（灰莉）、希茉莉（希美丽）、鸳鸯茉莉等，我们一家三口都笑说：“爱美之心人皆有之，花儿亦如人呀——爱美之心花皆有之。”

这套《云山花事经眼录》系列都写到了这三种名字与茉莉相关的花。这三种花，白云山都种植有很多，相对来说，希茉莉比较野气，都掩映在山坡洼地里，野气十足。而鸳鸯茉莉，是栽培品种，白云山的西门牛岭草坪、云台花园、农艺创意园周边都有很多。

从植物学来说，非洲茉莉、希茉莉、鸳鸯茉莉这几种花与茉莉花并无“亲属”

关系，非洲茉莉是马钱科灰莉属，希茉莉是茜草科长隔木属，鸳鸯茉莉是茄科鸳鸯茉莉属，而茉莉则是木樨科素馨属。

不过，要说花儿的香味，非洲茉莉、希茉莉、鸳鸯茉莉的香味，的确是比较浓郁，虽然各自香味浓淡有些差别，但也算是“香”近了。可是，花儿的形状却是差别得很大了。非洲茉莉大大朵，如喇叭；希茉莉，小朵，细长，如一支支小蜡烛；鸳鸯茉莉的花儿，介乎非洲茉莉与希茉莉之间，说大不大，说小不小，算是与茉莉花的花儿个头最为接近。从花色上来说，非洲茉莉乳白色，希茉莉橘红色，而鸳鸯茉莉也有白色，一如茉莉花一样“又香又白人人夸”。

“又香又白人人夸”之外，鸳鸯茉莉还有一种颜色——紫色。通常情况下，多数花株的同一条枝条上所长出来的花色都是一样的，极少部分的花卉会在同一条枝条上开出两个色系的花朵来，而鸳鸯茉莉就是其中一种。由于同一株上常同时有白花和紫花，且释放出茉莉样浓郁的芳香，而得名鸳鸯茉莉。其实，鸳鸯茉莉是因为单花开放五天左右，而由于花朵开放时间不一，先开的已变白，后开者仍为深紫，所以才形成了在同一株上常同时开有白花和紫花的奇景。因为二色齐放枝头，因此，鸳鸯茉莉亦有变色茉莉、双色茉莉等别名。

小朱小时候，嘴巴特甜，有时候看到鸳鸯茉莉的紫色花和白色花挨在一起，他就甜甜地来上一句:“紫花像妈妈,白花像爸爸,形影不离。”呵呵呵,这多美——彼此相拥，相伴老去。

那么，鸳鸯茉莉的花为何会变色呢？大花迷老朱解释，这是花青素在玩的鬼把戏。花瓣中的细胞液里存在着花青素，花青素的多少直接影响着花的颜色及浓淡，鸳鸯茉莉花瓣中的花青素随着环境的酸碱度及气温等条件的变化而逐渐减少，导致其色彩渐褪，才会产生这种花色一日一变的现象，而且天气越晴朗，变色越是明显。

在我们印象中，农艺创意园里的鸳鸯茉莉，应该是整座白云山最大面积的鸳鸯茉莉林了。这片鸳鸯茉莉灌木就在创意园门口的右手边，每当夏秋盛花期，紫白相间，繁花满树，浓香缭绕。这种盛景，很短暂，往往只有一个星期的时间。

我们爬白云山十多年，也就只撞见过六七次如此花开的盛景。后来，我们又在农艺创意园斜对面的丛林里，看到了一大片的鸳鸯茉莉林。因为这大片鸳鸯茉莉就靠着路边，我们爬山经常经过，而且气势也不亚于农艺创意园里的鸳鸯茉莉，所以我们关注比较多，当然也很幸运，我们在此处看到过好多次紫白相间、繁花满树的盛景。

也就是在细细观赏这片繁花满树的鸳鸯茉莉时，我们才发现，鸳鸯茉莉并不是只有纯粹的紫色花和白色花，还有一种颜色为淡蓝淡紫淡白色相间的花。我们被鸳鸯茉莉之名所蛊惑，一直以为只有双色，原来我们却错过了最好看的淡蓝淡紫淡白相间的美色。

正确说来，鸳鸯茉莉应该是一树三色花，花朵从破蕾到盛开之初，颜色为深紫色，随着时间的推移，渐变为淡蓝、淡紫、淡白相间，最后变至纯白色，

鸳鸯茉莉的每一朵花，都会经历这种变化过程。有人形容说，淡蓝、淡紫、淡白相间的花色，为雪青色。雪青色，这三字真美，而且，从花色来看，的确是鸳鸯茉莉最美的花开色段。

鸳鸯茉莉花瓣五瓣，如被揉捏过般褶皱，每瓣边沿锯齿明显。虽然花瓣有褶皱，但是因为初开为深紫色，最后变为纯白色，颜色的色泽统一，那些褶皱花纹却是不怎么看得出来，因而整朵花显得太过平整平滑，有点一览无遗，少了些让人琢磨的空间。而雪青色，却是淡蓝、淡紫、淡白相间，花色不纯粹，但褶皱却看得一清二楚。因为花色斑斓，褶皱起伏不定，雪青色花，就显得更是内涵丰富。

如果以人生来比喻，初开的深紫色就是青春年华，但历练太少，只见光滑与招摇；纯白色，则是人生的暮年，历经世事，一切归为平静；但雪青色，却是过了招摇的青春，离苍茫的暮年又还有一段距离，那是最美最美最美的人生阶段，忙工作忙家庭忙孩子，色彩丰富，享乐无穷。

鸳鸯茉莉的英文名意为“昨天、今天、明天”，这形象地描绘出其花色的特殊变化——初开时深蓝色（昨天），后变为雪青色（今天），最后变成白色（明天）。昨天是回忆，已经经历过，无可更改；明天是未来，适合幻想；而只有今天，才是人生可把握的，人人都希望画出最美的色彩。由此想来，怪不得雪青色是鸳鸯茉莉的最美色，因为这就是我们的现在呀，谁不希望美美美呀！呵呵，这花，还真是开得很现实、很实在呀！

“昨天、今天、明天”——鸳鸯茉莉的英文名，总是让我想起英国诗人西格夫里·萨松的代表作《于我，过去，现在以及未来》。诗中曾这样写道“In me the tiger sniffs the rose”（我心有猛虎，细嗅蔷薇）。——这话说得多么好呀！老虎也会有细嗅蔷薇的时候，何况人呢！所以，忙碌而远大的雄心，也应该享受被温柔和美丽折服的美好时光。就算每天忙忙碌碌，也别一味“心有猛虎”，大可以放松一下紧张的情绪，细嗅蔷薇、鸳鸯茉莉等来自大自然的花香，如此，我们才能更安然感受生活的美好与泰然。就像我们一家三口，每个周末都跑白云山，看花看草，满心花香，满心欢喜，这是多么美好的家庭享乐日呀！

桂花：

自是花中第一流

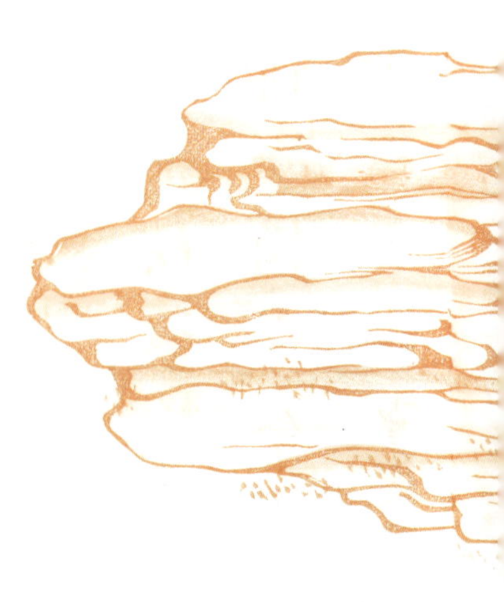

有一年国庆节，我和老朱回老家连南探望双亲，尔后，便随哥哥到三排瑶寨游玩。三排瑶寨离县城有十多公里，当时哥哥在三排农业站当技术员，对瑶寨很熟悉。哥哥领着我和老朱，走过三排瑶寨的角角落落，在弯弯曲曲的泥土路上，时不时与牛儿相碰，这让远离乡村多年的我和老朱兴奋不已。当然更兴奋的是，花花草草的清香气息，沁人心脾，我们大口大口地嗅着泥土和花草的芳香。后来，哥哥带我们走到了一棵桂花树下。

那棵桂花树，就长在高高的空地上，周围没有其他树，树很大，一个人都抱不过来；树很高，巨伞一样挺立着，颇有“占尽一山秋色”的气势。这是我第一次见到那么高那么大的桂花树，因为以前我所看到的桂花树都只有碗口粗的，所以，颇为震惊！

当时，桂花树上开满了淡黄色的小花，远远就能闻到浓浓的花香。待走到桂花树下，衣袖都染得香喷喷了。因为树实在太高，我们根本就看不清树上的花花朵朵。当然，不用看清，大花迷老朱看看地上零星掉落的花，很肯定地说，

这是一棵金桂。哥哥说：“这是整个三排最高最大的桂花树，一开花，整座山都香极了，周围瑶家满屋都是香气，所以瑶寨人都喜欢叫它是幸运树。”

花香带来幸运，村人很质朴很实际。而我，当时还沉浸在诗词歌赋的世界里，花香在我眼前，飘洒出一片诗情画意。我想起了宋代才女李清照写的《鹧鸪天·桂花》：“暗淡轻黄体性柔，情疏迹远只香留。何须浅碧深红色，自是花中第一流。”——桂花浅黄而清幽，形貌温顺又娇羞。性情萧疏远离尘世，它的浓香却久久存留。无须用浅绿或大红的色相去招摇炫弄，桂花本来就是花中的第一流。

情怀疏淡，远迹深山，唯将浓郁的芳香常飘人间——这不正是三排瑶寨这株金桂的特质么？因为这画面太美，所以，金桂在我印象中，就成为一种远迹深山的深刻记忆。于是，我们回到广州，也希望能在远迹深山的地方找到一个人也抱不过来的金桂。去哪里找呢，当然是白云山最合适啦。

只是，找了很多年，虽然在白云山的能仁寺找到了金桂，但那树干高高瘦瘦的，只有碗口粗，颇为遗憾。当然遗憾的只有我和老朱，小朱一点感觉也没有。因为当年我和老朱到连南三排瑶寨游玩时，小朱还没有出生，小朱听我和老朱讲一个人抱不过来的金桂，就像在听一个有些久远的传说。也不是没有想过要回到连南三排去看看那棵曾经“占尽一山秋色”的金桂，但是，哥哥已经患癌症早逝，即使重回旧境，也难寻当年的快乐了。由此，连南三排瑶寨的那棵金桂，越发地成为我心中一种带有痛楚的亲情记忆——每当一提起哥哥，就会想到金桂；每当一提到金桂，我就会想起哥哥。

金桂有些伤情，于是，走在白云山上，我们也就不再费心思地寻找了。倒是对寻找另两种桂花，我们热切得很。一种是四季桂，另一种是丹桂。这两种桂花，在白云山都有不少呢！

知道吗？白云山有个桂花林，就在明珠楼湖边的山坡上。这个桂花林绵延着全是密密麻麻的四季桂灌木丛。四季桂是桂花家族中一名后起之秀，它打破一般桂花品种一年只开花一次的常规，一年四季春夏秋冬都可以开花，因此四季桂又叫月月桂，通常花期有二十多天，花色黄白，花儿密集，开得满枝条都是。明珠楼湖边的山坡上是露天的餐厅，但因为四季桂的花香比较淡，所以坐在那里吃饭，香气也不浓郁。不过，这也挺好的，淡淡的花香，氤氲缭绕，一家三口吃饭，闻花香，闲聊，家常的日子，就是花香淡淡，才能快乐持久呀。

桂花林里的四季桂长得矮小，和读小学的小朱差不多高，于是，我们在这满山坡的四季桂花林，可以很自由地细细观赏桂花长啥模样：四季桂的花瓣裂成四瓣，花瓣儿呈椭圆形，看起来很厚实，有些棉质感。花瓣还有些许弯弯的弧度，风一吹，摇摇晃晃的，小朱说，有些像兔子摇晃的大耳朵。

呵呵，兔子的大耳朵，小朱这个比喻，大概是源自于听过的月亮传说吧。这个传说，孩子们都耳熟能详：月亮里有桂树，有宫殿，有一个寂寞而美丽的仙子嫦娥，整日以玉兔为伴；桂树下，有一个叫吴刚的，在砍着桂树，每砍一斧，桂树的创伤就会立即愈合，因此吴刚常年在月宫砍桂而始终砍不倒桂树……

我笑说，吴刚砍树，如果是四季桂灌木丛，一点美感都没有，应该是高大的桂花树，比如说，金桂或者丹桂。白云山上的金桂太少也太瘦，而丹桂呢，就相对比较多，长得枝叶婆娑，也比较高大一些。

白云山的九龙泉、双溪、山庄旅舍、松涛小卖部等地方都种植有丹桂，尤以山庄旅舍最多。山庄旅舍种有四棵高大的丹桂，站在旅舍的内庭屋顶，视野开阔，是观赏丹桂的最佳位置。因为恰巧可以同时看到生长在四个方向的四棵丹桂，当然也可以很清楚地看到丹桂的花儿模样。丹桂花和四季桂长得很相像。不同的是，丹桂的花儿橘红色，色泽亮眼，香味极其浓郁。无论从花色还是香味，都绝对算得上“占尽山庄秋色”了。

丹桂是桂花中的传统名贵品种，只在秋天开花。每年农历八月十五月圆时，桂花盛开，半个月不到，月亮亏缺了，丹桂花也凋谢了。这段时间前往山庄旅舍，除了看到满树的橘红色，闻到浓郁缭绕的花香，你还会看到很诗意的丹桂画面：山庄旅舍的每张餐桌上，都放着一瓶插满橘红色丹桂的花瓶；旅舍的走廊、窗台前、服务台前，也都放上了花瓶，全插着开满橘红色花朵的桂花枝条。可以说，中秋月明前后，在山庄旅舍里穿行，其实，就是在丹桂花中穿行。

一直想着，哪年的中秋前后，到山庄旅舍住一住，中秋月明，天清露冷，在空气中浸润着甜甜的丹桂香味，好好体味一番唐代大诗人王维《鸟鸣涧》的意境：“人闲桂花落，夜静春山空。月出惊山鸟，时鸣春涧中。”冷月、落桂、空山、人闲、夜静，意境清幽，恬静恰当，绝美！

只是，因为这样那样的原因，这想法一直没有成行。后来，又赶上了小朱

高考，老朱笑说，那是“蟾宫折桂”。这时的小朱，已然明白“蟾宫折桂”的深刻含义——在中国古代科举场，每年秋闱大比刚好在八月，所以人们将科举应试得中者称为“月中折桂”或“蟾宫折桂”。我们所喜欢的《红楼梦》，在第九回中林黛玉听说贾宝玉要上学了，就笑道：“好？这一去，可定是要蟾宫折桂去了。”

待到小朱去了天津读大学，一家子都心境自如了。但每到中秋月明，丹桂盛开的时候，远在天津的小朱却闻不到山庄旅舍的丹桂花香了。

自从小朱两岁半开始，我们一家三口到白云山寻花，已经寻找了长达19年，可谓风雨同舟。一家人同舟寻花，当然也要同舟享乐。所以，我和老朱都商量着，等到小朱学业结束，回到广州，选择个丹桂盛开的秋天，一家三口到山庄旅舍住一两晚，优哉游哉地来一番“人闲桂花落，夜静春山空”，那才是真正的芳香和美！那才是真正的清幽静绝！

黄槐：

黄金树上挂铁钩

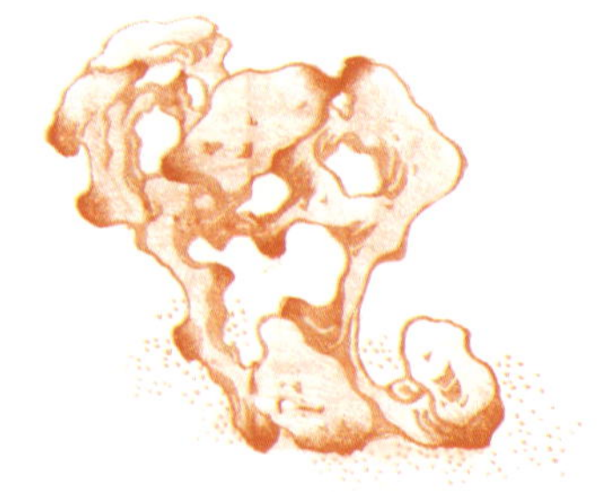

起初，对黄槐是没太大感觉的。虽然这黄槐开的花，色泽金黄，有“聚宝黄金树”的美称。但在白云山上，像这种满树亮眼黄色的花朵，可谓多了去了。比如说，黄花风铃木、米老鼠花、银叶金合欢花等，盛花期时，都是亮亮的满树金黄，也同样堪称“聚宝黄金树”呀。最主要的是，这黄槐花，样子实在过于普通，花不大不小，每一朵有五片花瓣，经常一二十朵聚集在一起开花，形成黄花球似的花团，簇生在枝条上部的叶腋内。估计我这样的描述，爱花的读者肯定都印象不深吧，那感觉就像长相很一般的人，一出现就迅速被淹没在人潮里一样吧。

长相普通，如果花期短，应该还会让人生发念想，期待下次与此花相遇的时光。但是，这黄槐花，让我们连期待的心情都省了，因为黄槐花太勤奋，基本上一年四季都是明黄黄的灿烂花季。白云山的主要干道，都零星地种植着黄槐，我们一家三口基本上每个周末，都溜达在白云山上，那真是春夏秋冬都能与这满树金黄的黄槐撞个满怀。花样子普通，开花季节又漫长，这黄槐更是让我们不以为意啦。

倒是有时候，在白云山撞见黄槐时，我们会淡扯一下槐花的话题。大花迷老朱，认识的花多，去过的北方城市也多，他说槐花有好几种，一种是五六月份开花的洋槐花，这种槐花的香味较浓且有甜味，可以制作槐花饼等食物；一种是七八月份开花的槐花，是土生土长在中国的传统国槐，其花是黄白色或

双荚黄槐花

淡白色，虽然不可食用，但可以入药，也可以当作黄色染料使用，还有“槐花黄，举子忙”的一种文化意蕴。

唐代李淖《秦中岁时记》记载，唐代以科举考试选拔官吏，因此读书人寒窗苦读，就是为了有朝一日金榜题名，踏入仕途。每年秋天科举考试结束，未考中进士的考生并不想离开京城长安，而是借居于闲宅或寺院，埋头写作，争取献上新的文章，请求朝廷提拔、录用。当时，正值槐花泛黄的季节，为此形成了一句俗语说“槐花黄，举子忙”。后来，人们常用“槐花黄”喻指考生忙于准备科举考试的季节。

大花迷老朱曾在北方见过槐花（国槐）和洋槐花。可惜，我们在白云山找来找去，也没见到这两种花的踪影，倒是经常满眼撞见一树树金黄的黄槐。黄槐与国槐、洋槐都属于不同科属，其花果不能食用，是一种观赏树木。在白云山上，我们曾经看到过长得比较高大的黄槐树——那是在黄婆洞水库边，五六株高高的黄槐，一到秋天花开最盛时节，金黄色的花朵开满枝头，鲜艳夺目，

黄槐花

甚为壮观。

只是，长得高大的黄槐很少，白云山上满山常见的基本上都是两三米高的小乔木，龙虎岗附近、可憩草坪附近等种植有很多低矮的黄槐树。

正所谓，低矮也有低矮的奇妙。有个初秋的上午，我们走到大草坪附近，当我们再蜿蜒向上走时，又看到了金黄耀眼的黄槐花，只不过这一次不是一株株挺立，而是杂生在斜坡的树丛中，有种“杂花生树”的感觉。而这一堆杂花里，还挂出了果子。那果子，竟然是两种样子的，一个是扁平带状的，另一个是圆柱状的。

一棵树上能结出两种不同的果子，这真是奇了！想不到花儿长相一般的黄槐，竟然有如此本事，于是，我们六双眼睛，自然就被吸引过去了。只是，才看了一小会，我们三人又惊呼起来：不是一种树，而是两种树结出的两种果子呢！

可是，这两种树的花也太相近了吧！乍一看，都是黄黄的花呀，大小也差不多，也是一二十朵形成黄花球似的花团簇生于枝条上部，完全就像一对双胞

双荚黄槐果

黄槐果

胎呀！当然，还是大花迷老朱厉害，把这花分辨得一清二楚：这两种花，一种叫黄槐，另一种叫双荚黄槐，都是属于决明属的植物；黄槐是小乔木，双荚黄槐是灌木；结扁平带状果的是黄槐，也叫黄槐决明，产自亚热带及大洋洲；结圆柱状果的是双荚黄槐，原产于美洲热带地区，它的圆柱状荚果常常两个一组，悬挂于枝顶，故名双荚黄槐，也叫双荚决明、双荚槐。

老朱说了一通荚果的区别后，就开始卖起了关子："这两种花很多不同之处呢，我就不剧透了，你们细心看看去。"

我和小朱把鼻子尖凑到花树前，细心瞧上一会，果真是看出很多不同啦。

小朱喜欢看叶子，很快就分辨出黄槐的叶子呈卵形，每一枝条上的叶子有七至九对；双荚黄槐的叶子只有三至四对，但比黄槐的叶子要长一些，而且有些叶子还可以见到明显的金边。

我呢，比较注意看花，刚开始看，觉得黄槐和双荚黄槐长相也一样普通，同为五瓣花，花中心都有一枚弯钩一样的长长雌花蕊，以及棕褐色的雄花蕊十

双荚黄槐花

枚，不同的是，黄槐的十枚雄花蕊长得短短的，高度也差不多，只有一枚稍微长一点的，也只有半瓣花瓣的长度。而双荚黄槐的十枚雄花蕊，却是差别很大，其中七枚长得很短，有三枚却粗壮得多了，尤其其中的两枚，更是长出了花瓣外面去，弯钩着，好像双荚决明的花前长了两个小翅一样，这让长相偏于普通的双荚黄槐，突显出了一种与众不同的独特气韵。

小朱说，这两枚长长弯钩着的花蕊，就像“铁钩船长”手里那个犀利的铁钩。“铁钩船长”是迪士尼动画片《小飞侠》里那个行为举止故作如绅士一般的优雅、但个性却傲慢自大奸诈狡猾的坏脾气男人。小朱爱看动画片，看花，也常喜欢看成动画片里的某个角色。

虽然小朱这个“铁钩船长”的类比，让这双荚黄槐带上了点杀气，但也的确挺形象好玩的。我们一家寻花，不就是为了好玩嘛。每个周末，我们不是走在白云山的花花世界里，就是走在去白云山的花花世界的路上，那心情，那笑容，一如眼前的黄槐与双荚黄槐，一年四季，金灿灿的，亮眼极了！

夹竹桃：

摇摇儿女君子操

“摇摇儿女花，挺挺君子操。”——猜猜，这可以用来形容什么花？大花迷老朱很得意地问我和小朱。

老朱在大学里教授唐宋文学，自打到白云山寻花之后，时不时就喜欢用诗词来叫我和小朱猜花，这成为我们家在白云山嬉闹的一种常态。

这次可难不倒我了！呵呵，我读过这首诗呀，一读就喜欢得不得了。这是宋代大臣沈与求所写的一首代表诗作《夹竹桃》：“摇摇儿女花，挺挺君子操。一见适相逢，绸缪结深好。妾容似桃萼，郎心如竹枝，桃花有时谢，竹枝无时衰。春园灼灼自颜色，愿言岁晚长相随。”大意是说：摇曳多姿的美艳桃花，犹如妩媚的美女；挺拔的竹叶，恰似谦谦正直的君子才俊；美女桃花与君子才俊彼此遇见，就一见钟情，缠绵得情深意切。美女的容貌像盛开的桃花，但终究会凋落；情郎却像夹竹桃叶子，却一直挺拔，四季常绿。春天在园子里茂盛娇娆的儿女之花，希望到晚年也能与挺拔的情郎才俊相依相守。

清代陈淏子的园艺学著作《花镜》中，有关于夹竹桃之花名来历的记载：“因其花似桃，叶似竹，故得是名，非真桃也。”而关于夹竹桃的由来，也有一个美丽的传说。相传，一个叫桃的美丽女孩，爱上了一个性格刚强的叫竹的长工小伙，但却遭受桃家人的反对并将竹活活打死。桃伤心欲绝，殉情自杀了。他们的灵魂到了天国，上帝为他们的真情所动，答应满足他们一个要求，桃说她一生最爱的是美丽的桃花，而竹却希望保留他竹子一样的坚韧。从此，世上

就产生了有着竹子一样的叶子，开着像桃花一样鲜艳花朵的植物——夹竹桃。

而沈与求的诗歌《夹竹桃》，原本并不是歌咏植物“夹竹桃”的，但它恰好描绘出了夹竹桃的复合体特性——兼具了竹叶的挺拔长青与桃花的“灼灼其华”。这两种全然不同的性情风格集于夹竹桃一身，就好似痴情的美女与才俊结下秦晋之好。也因此，在中国传统民俗中，夹竹桃成为婚姻美满、门当户对的象征，一直被喻为天作之合、郎才女貌的经典搭配。不过，红颜再美，终将衰老，所以夫妻还是需要相互扶持，才能相伴百年，白头偕老。

小朱年纪还小，对于诸如一见钟情、秦晋之好之类的情怀并不感兴趣。不过，他很喜欢唯美却朗朗上口的第一句诗“摇摇儿女花，挺挺君子操”，还嘴巴甜甜地说，“摇摇儿女花”说的是妈妈，“挺挺君子操”说的是爸爸，看夹竹桃嘛，就是去看爸爸妈妈的花。呵呵呵，小朱这么一说，惹得我和老朱笑得合不拢嘴。一边笑，一边寻找夹竹桃花。很快，我们就在白云山南门、柯子岭山门、桃花涧、云天北路沿途、龙虎岗附近、碑林、知青亭、云台花园等处发现了很多夹竹桃。

细细看，夹竹桃的叶子长得很有意思：三片细长叶子从同一个地方向外生长，横向排列得整整齐齐，真的很像竹叶子。而且叶上还有一层薄薄的“蜡”，正是因为这层蜡能替叶子保水保温，使整株夹竹桃能够抵御严寒。而夹竹桃花呢，却花色缤纷，有粉花、黄花、橙花，花瓣既有单瓣，也有复瓣。

一般说来，单瓣花，模样长得简洁，花色也纯净，大体比较讨人欢喜；而复瓣花，花瓣层叠，相对会胖得有些臃肿。但夹竹桃花却甚是与众不同，不论是复瓣还是单瓣，模样都长得非常娇俏。复瓣的夹竹桃，一般是粉红色，两层花瓣不大，长得甚为齐整，像一个爱美的女儿家，就算冬天穿多一两件衣服，身段显出了微微的胖，但因为很精心地把自己拾掇得干净整洁，于是层叠起来的花瓣儿，看起来也总能让人赏心悦目。而粉白黄花橙花的单瓣夹竹桃，则迎合现代人删繁就简的生活潮流，清一色的五枚花瓣，清清爽爽，让整朵花显得既轻灵又水灵。

在这一片轻灵水灵的单瓣花色中，黄花夹竹桃无疑是最好看的。粉红粉白

的夹竹桃，不管单瓣还是复瓣的，中心都还有一小朵副冠花，花是不规则碎裂成条状，更显出了女儿家的一份秀气和纤巧。而黄花夹竹桃，与秀气纤巧的粉红粉白夹竹桃相比，不仅中间没有碎裂的副冠小花，而且花的样子也有很大区别。粉红粉白夹竹桃的花瓣是整个儿张开的，好似一把小洋伞似的；而黄花与橙花夹竹桃的五枚花瓣，层层叠叠得极为紧凑，犹如一个高脚小酒杯似的。尤其有阳光投进花朵时，往花心里望一望，似乎花心里正盛着红酒般，甜香得让人晕眩。怪不得黄花夹竹桃引入中国之初，还曾经叫做“酒杯花”呢。

白云山上，种植黄花夹竹桃最多的地方就是知青亭了。知青亭在可憩大草坪旁，于 2010 年 9 月 27 日落成，是由三千多名知青捐献了一百二十四万元资金建起来的，里面有亭子有长廊，长廊上有不少知青的历史照片，当然最醒目的是记录知青历史的浮雕：这是一幅长十五米、高两米，题为“永远的情怀”的大型铜制知青浮雕。浮雕由“告别亲人”“激情岁月”“情怀不老”三组内容组成，记载着知青这一代人的故事和心路历程。《知青亭记》石碑上这样写道：

“自此，无论风雨阴晴，登临纵目，其亭廊敞怀，昂然矗立，和云山珠水同在，与南粤大地共存，以回眸昨日，以告慰今天，以启示未来。巍巍知青亭，属我亦属你，载入千秋史，留下永世情。”

有时候我忍不住猜想一下，为什么知青亭都不种粉红粉白的夹竹桃花呢？或许，对知青来说，那种上山下乡的日子，酒也是曾经寂寞又艰苦的人生的最好陪伴。这么多的黄色“酒杯花”种植在知青亭，也是对过往那种“酒杯”人生的一种回忆与纪念吧。

而且，更惊奇的是，黄花夹竹桃还能结果。粉红粉白的夹竹桃，是夹竹桃最常见的品种，但这两种夹竹桃却只开花不结果，让很长一段时间我们还误以为夹竹桃真是不会结果的呢。直到后来的一年秋天，在知青亭看到黄花夹竹桃结出一个个如小灯笼辣椒般的青果子来，我们才恍然大悟，原来夹竹桃也有果子的，这让我们越发喜欢到知青亭看夹竹桃啦。

当然，春天，桃花盛开的季节，去桃花涧看红花粉花夹竹桃，也特别好玩。

因为粉红粉白的夹竹桃花，不仅颜色长得很像桃花，就连花的大小，也和桃花相差无几，远远望去，还真是很难分辨出是桃花还是夹竹桃花，这倒也添了一种好玩的赏花情趣。有时候，我们仨还喜欢逗趣一番，隔着一段距离，猜猜看，盛开的粉红粉白花，到底是桃花，还是夹竹桃花？

当然，我们都能猜对的，因为从树型就能看出，夹竹桃是直立灌木，桃花是落叶小乔木。

不过，被誉为郎才女貌的夹竹桃，虽然花美叶美果美，但却是“可远观而不可亵玩”的植物哟。夹竹桃是最毒的植物之一，其叶、皮、根、花、种子都含有剧毒。美国生活科学网曾评出十大有毒植物，其中就有夹竹桃，甚至有这样一种说法，最初人们栽种夹竹桃，并非为了美观，而是为了提取毒素，用于杀虫灭鼠。所以，面对“灼灼其华”的夹竹桃，只欣赏就好，可千万别动手哦！

老朱说，不能动手，那就动动脑吧！再来猜一猜，拘那夷、拘挐儿、棏那卫，这又是什么东东？这下，我和小朱猜不着了，这名字实在太稀奇古怪啦，还有股强烈的异国味道。

老朱揭谜底说，这些异国风味的名字，与印度语中夹竹桃的发音 kaner 颇为相似，很生动地揭示了其历史渊源——夹竹桃祖先在印度和波斯（现伊朗），宋、元时开始引进中国，遍地妖娆。

山中岁月，培育了我不羁的想象力

朱晴鹤

承担下写后记的任务后，思索许久，发现竟难以下笔，因为十九年的爬山经历，恍惚却已有隔世之感。母亲笔下那个天真、爱幻想、充满活力的小顽童，如今已读大三，也即将步入社会。而那个曾经的小小顽童，在我眼里，也已如一个熟悉的陌生人一般。

说陌生，是因为种种口无遮拦、无忧无虑的言行举止，在我这位自诩已经成熟的成年人眼中，成为有些羞于承认的存在。但我又如此的熟悉，熟悉那种一旦拥有闲暇，就投入探索、投入幻想、投入思考，并乐于其中的感觉。

至此我才明白，我对曾经的自己，与其说是疏远，不如说是羡慕，羡慕他的无忧无虑，羡慕他的口无遮拦。我也仍然希望自己与那个小顽童一样，能有更多的时间探索、幻想与思考，但我也深知，如今自己的身上已肩负着更多的责任。

至此我才明白，即便我无法像母亲一样，将爬白云山的经历变为优美的文字；即便我无法像父亲一样，对白云山上的种种小径、景观如数家珍，但这十多年爬白云山的经历，所培养出的人格特质，却已切切实实地成为我生命中重要的组成部分。

正是山中时刻变化的生命，提示了运动的必然性，并激发了我求知探索的精神；正是山中千奇百怪的物种，述说了生命的多样性，并培养了我不羁的想象力；正是山中不断轮回的季节，告知了世界的规律性，并培养了我勤于思考的习惯。

我十分感谢父母，他们在我生命的初始篇章中，引入了比白炽灯更加温和的阳光，引入了比钢琴更加悦耳的鸟鸣，引入了比书画更加自然的纹理。也正是所有的这一切，造就了如今仍然热爱自然、热爱探索、热爱思考、热爱幻想的我。

2017 年 4 月 15 日，天津师范大学

一年无日不看花

潘小娴

第一次搬新家，两房一厅，还有了个小阳台，正巧面向校园的十字路口，视野开阔，左边是图书馆，右边是教学楼，书香气息浓郁。心想，有了浓浓的书香，如果能再来点花香，这日子就真是美美的了。

想了，就干！先到市场，买回上十个小花盆。因为阳台不大，也只能种些小巧一点的花花草草。选择种什么花草，也不费劲，就是希望一年四季都能看到有花儿在开放。于是，种上了春天的杜鹃、贴梗海棠，夏天的鸢尾花、使君子，秋天的千日红、秋海棠，冬天的茶花、舞女兰，还有文竹和石菖蒲。

喜欢文竹和石菖蒲，倒是和开不开花没什么关系，这大概就是读书人的一种癖好吧。明代王象晋的《群芳谱》中记载："乃若石菖蒲之为物，不假日色，不资寸土，不计春秋，愈久则愈密、愈瘠则愈细，可以适情，可以养性，书斋左右一有此君，便觉清趣潇洒。"古代文人，把石菖蒲作书斋案头摆设，清趣潇洒。我呢，也想沾沾文人气，经常把石菖蒲作为书房的案头摆设。当然，文竹也是我书房案头摆设的常客。文竹的叶片轻柔，密生如羽毛状，葱茏苍翠，似碧云重叠，姿态文雅潇洒，放置书房，净化空气的同时也增添了书香气息。

把这十盆花草种上时，已是春末，本该在春天开花的杜鹃和贴梗海棠，种到我家小阳台时，已然错过了花期。这也好，让它们积蓄一年的能量，来年应该会长得更耀眼吧。

其实，我选种的这十种花草，都不娇贵，也相对容易养。现代都市人工作忙碌，虽然花香书香很文雅，但在为了生活得拼命工作的日子里，书香花香，也多半只能属于生活的调味剂。既然是调味剂，投入的精力当是有限的，所以，种些不娇贵、容易养的花花草草，最合适。忙碌一天后，回到家，吃完晚饭，喝喝茶，再给花花草草浇些水，省时省力，却又怡情怡神。

初夏过后，鸢尾花和使君子如期开花了。使君子花小巧，初开时白色，而后变粉红色，再变为艳红色，使君子花数天容颜三变，真有时尚范。鸢尾花则开得颇有艺术气质，花瓣反卷，像个小巧的望远镜，蓝紫色中杂糅着水样般柔软的白色线条，透明透亮，如梦如幻。我常常喜欢一边看鸢尾花，一边读舒婷所写的长诗《会唱歌的鸢尾花》，那真是读得满心满眼的花香，满心满眼的诗情画意呀！

秋天来临，秋海棠率先开花了，红红艳艳颇为耀眼。千日红呢，也紫紫红红开了个透，那模样儿，或像圆溜溜的小脑袋，要不就是大长椭圆形。当时小朱只有一岁半，看着天真可爱的小朱，我总觉得，千日红圆溜溜的小脑袋，就像咱家的小朱，天真浪漫；而大长椭圆形的千日红，就像咱家的老朱，壮实敦厚。每当小朱老朱一起站在千日红花前，那画面真好看：一旁是圆溜溜和长椭圆形的千日红，一旁是天真浪漫的小朱和高大威武的老朱，花与人，相映成趣，让我看得欢喜无比。有时候，我也会把千日红摘下来，泡上一壶幽香隽永的清茶，一家人边喝茶边闲聊，倒也是喧嚣生活中难得的悠闲。

阳台上种的茶花，是连城红。冬天冷飕飕的，连城红一开放，红艳得很，似乎能把寒气逼出体内，让人满心灼热。舞女兰，文如其名，盛开的金黄色小花，有手有头有腰身有长裙，宛如一群穿着衣裙翩翩起舞的女郎。冬天，圣诞节、春节、元宵节，一个接一个，真的是个歌舞的好时光。养花看花，能如此尽兴，甚是美好。

歌舞时光过后，春天悄然而至，贴梗海棠也悄悄地开花了，猩红的花色，如跳跃的火焰，此情此景，用成语“如火如荼”来形容，当是最恰当不过了。当然，积蓄了一年的杜鹃花，也当仁不让地开得火热灿烂。我家的小阳台，种着的是一盆绯红的杜鹃花，年年立春过后，说开就开，枝枝缀锦，朵朵流霞。沉醉在杜鹃花儿构成的艳艳春景里，再配上暖暖的春阳，人们通常所说的春光明媚，再也没有比此时更恰当的了！

一年年，因为花花草草的陪伴，我家小阳台，风光艳艳。而我们一家呢，一年四季都能种花看花，“一年无日不看花”的日子，自然是甜美无敌啦。

只可惜，我家阳台上“一年无日不看花”的美景，却伴随着再一次的搬家，离我们远去了。这一次，我们搬进了华南师范大学，三房一厅，房子是宽敞了，但是，阳台更小，还背阴，基本照不到什么阳光，种花种草很难，这让爱花的我们一家着实有些惆怅。

虽然惆怅，但依然阻挡不住我们喜欢看花看草的炽热之心。家里看不了，也没什么要紧的，还有白云山呀。这是生活在广州的一大幸福——离市区不远，竟然有这么大的一座山。大花迷老朱决定带领我和小朱，游赏白云山，看花花草草去。于是，自从小朱两岁半开始，我们一家的周末时光，就全都浪荡到了白云山上。

白云山山体宽阔，三十多座山峰绵延成片，沟沟壑壑，层峦叠嶂，让我们容易痴迷，而白云山的一花一木，也同样让我们痴迷无比。自从爬白云山后，我们在山上认识了很多新奇的花花草草，比如：红楼花、羊角拗、金丝熊猫、金杯藤、钞票树、金凤花、希美丽……嘿！数也数不清。

十九年来，一个又一个周末，我们一家在白云山上浪荡来、浪荡去，山花养眼，身心康健，真是爬山、赏花两不误！乃至后来，白云山的一花一木，什么季节开花，会开放在哪里，哪里的花开得最为茂密和灿烂，我们都了然于心。

而两岁半开始跟随我们爬山的小朱，如今已经成长为一米八六的阳光大帅哥，花草一直伴随着他的童年，一直伴随着他的成长光阴，他的童年，是真正的花样童年；他的成长光阴，也是真正的花样光阴。如今，已到天津上大学的小朱，每当寒暑假放假回广州，第一件要做的快乐情，就是和爸爸妈妈一起爬白云山。

白云山上的广州碑林，挂有一副对联——“四面有山皆入画，一年无日不看花”，这副对联，有山，有花，有画，很闲雅，很舒畅，我们一家都非常喜欢。的确呀，四面环山，有花有草有白云的白云山美如画，而我们一家三口，一年四季都在这美如画的白云山看花儿看草儿，十九个年头以来，依然一直延续着“一年无日不看花”的花样光阴，那当然是，美如画，美如花啦！

2017 年 2 月 18 日，广州